Friedrich Wilhelm Maus

Peire Cardenals Strophenbau in seinem Verhältniss zu dem anderer Trobadors

nebst einem Anhang enthaltend

Friedrich Wilhelm Maus

Peire Cardenals Strophenbau in seinem Verhältniss zu dem anderer Trobadors
nebst einem Anhang enthaltend

ISBN/EAN: 9783743602403

Hergestellt in Europa, USA, Kanada, Australien, Japan

Cover: Foto ©ninafisch / pixelio.de

Weitere Bücher finden Sie auf **www.hansebooks.com**

AUSGABEN UND ABHANDLUNGEN

AUS DEM GEBIETE DER

ROMANISCHEN PHILOLOGIE.

VERÖFFENTLICHT VON E. STENGEL.

V.

PEIRE CARDENALS STROPHENBAU

IN SEINEM VERHÄLTNISS ZU DEM ANDERER TROBADORS

nebst einem Anhang enthaltend:

ALPHABETISCHES VERZEICHNISS SÄMMTLICHER STROPHENFORMEN DER PROVENZALISCHEN LYRIK.

VON

F. W. MAUS.

MARBURG.
N. G. ELWERT'SCHE VERLAGSBUCHHANDLUNG.
1884.

Die provenzalische Poesie ist wesentlich Kunstpoesie; diesem Charakter entsprechend liegt ihr Hauptreiz in einer gefälligen äussern Form: »in ihr zeigt sich die Kunstpoesie in ihrer wahren Bedeutung und in ihrem vollsten Glanze« (Diez, Poesie der Troubadours, pag. 88). Wäre sie nicht in dieses künstliche Gewand gekleidet, so würde sie schwerlich, allein auf Grund ihres Inhalts, der vielfach typisch und eng umschrieben ist, einen so mächtigen Einfluss auf die Dichtung benachbarter Nationen ausgeübt haben (cf. Diez, a. a. O. pag. 232 f.).

Es liegt auf der Hand, dass die ältesten Troubadours nur über eine geringe Anzahl verschiedenartiger Strophenformen verfügten und erst im Laufe der Zeit sich jene Mannigfaltigkeit und Kunstmässigkeit der strophischen Form entwickelte, wie wir sie bei einem Guiraut de Borneill, Bertran de Born, Gaucelm Faidit u. A. beobachten können. Auch trägt nicht jedes einzelne Gedicht eines Troubadours eine eigentümliche Form; vielmehr lässt sich bei näherer Prüfung der Formen eines Dichters die Beobachtung machen, dass gewisse Strophengrundformen wiederkehren, mit anderen Worten, dass den meisten Dichtern eine gewisse Vorliebe für eine oder mehrere Strophengrundformen eigen ist. Ich greife einige Fälle dieser Art hinsichtlich der Reimstellung heraus. Die letztere ist meist auch characteristisch für das Silbenschema der Strophen, indem dieses, wo überhaupt ein Wechsel der Silbenzahl innerhalb der Zeilen einer Strophe stattfindet, fast durchweg dem Reimschema analog ist, oder wenigstens nicht im Widerspruch damit steht[1]). Zur Veranschaulichung dieser Eigentümlichkeit sind selbstverständlich nur solche Dichter geeignet, von denen uns eine verhältnissmässig grosse Anzahl von Liedern überliefert ist. Der älteste uns bekannte Troubadour, Guillem IX. von Poitou, bevorzugt zweireimige Strophenformen; folgende Formen treten in seinen Gedichten auf:

$a_{11} a_{11} a_{18}$ 4. 5. $a_8 a_8 a_8 b_4 a_8 b_4$ 11. 7. $aaab$ (8 S.) 10.
$a_{11} a_{11} a_{14}$ 3. $a_8 a_8 a_8 a_8 b_4 a_8 b_4$ 2. $aabcbc$ (8 S.) 1.
                            $a_8 a_8 a_8 b_4 c_8 b_4$ 12. $abbaab$ (8 S.) 8.
$a'_7 a'_7 a'_7 b_7 a'_7 b_8$ 6.

Die Form von Gedicht Nr. 12 erweist sich auf Grund ihres metrischen Baues als eine Modification der Form $aaabab$, da in beiden das Silbenschema 8 8 8 4 8 4 zu Grunde liegt. Dagegen lassen die Formen $aabcbc$ 1 und $abbaab$ 8 mit diesem Grundtypus sich schwer in Einklang bringen. Abgesehen von Gedicht Nr. 6 lässt sich bei Guillem IX. keine Mischung heterogener Verse beobachten, aber diese Chanzoneta wird auch aus anderen Gründen (schwere und weibliche Reime, es ist kein vers) von Prof. Stengel Guillem IX abgesprochen.

Bei Marcabrun ist zunächst die dreizeilige Strophenform Guillem IX. in eine 9 zeilige aufgelöst, nach folgendem Schema:

$$a_3 a_4 b_4 c_3 c_4 b_4 d_3 d_4 b, 24.$$

Die Form $aaab$ (8 S.) weist 23* auf; als Modificationen derselben sind folgende zu betrachten:

$aabab$ (8 S.) 8. $a' a' a' b' a' a' b'$ (7 S.) 30.
$aabaab$ (8 S.) 15. 22*. $a'_7 a'_7 a'_7 b'_7 c_3 c_3 c_3 c_3 c_3 b'_3$ 25*. 26.

Aus Guillem IX. Form $a_8 a_8 a_8 b_4 a_8 b_4$ ist die Strophenform $aabccb$ hervorgegangen, die sich mit folgendem Silbenschema 4 4 8 4 4 8 in Gedicht Nr. 16 und 43*, sowie in dem von Aldric an Marcabrun gerichteten, B. G. 335, 20 verzeichneten Liede findet, dagegen aus lauter 8-Silbern in Nr. 41* unseres Dichters aufgebaut ist; ihre Herkunft aus der oben bezeichneten

---

*) In den mit * bezeichneten Gedichten nennt sich der Dichter selbst.

Form Guillem IX. lässt auch die Form der Gedichte Nr. 33*: $a_6 b_6 a_6 b_4 a_6 b_4$ (Reimsilben *au*, *ill*) und Nr. 21 $a'_4 b'_4 a'_4 b'_4 a'_4 b'_4$ (Reimsilben *ana*, *ilha*) noch erkennen (s. Jahrb. XII, 5). Dagegen gehen folgende Formen auf den zuerst bei Cercamon auftretenden viereimigen Typus $ababcd$ (8 S.) zurück:

$a'b a'b c'd'$ (7 S.) 36*. $ababcdc$ (8 S.) 34. 39*.

$ababccd$ (7 S.) 42. 28. $a_8 b_8 a_8 b_8 c_8 d'_7 c_8 d'_7$ 13.

ebenso $a_8 a_8 b_8 c_8 d_4 d_4 c_8 c_8 b_8$ 19* und $aabbccd$ (8 S.) 40*, $a'b'b'c d'c d'$ (7 S.) 27, welche letztere als die Umkehrung von 28 angesehen werden darf.

Für Marcabrun ist characteristisch, dass keine einzige seiner Strophenformen mit einem Reimpaare abschliesst.

Bei Bernart de Ventadorn tritt schon eine grössere Anzahl verschiedener Formen auf, aber auch hier sind mehrere Grund-Typen unverkennbar. Die einreimige Strophe zeigt sich nur in Gedicht Nr. 28, wo sie aus je 7 männlichen 6-Silbern aufgebaut ist. Eine zweireimige Strophenform weisen folgende Gedichte auf:

$abababab$ (6 S.) 36. $ab'ab'aab'$ (10 S.) 12. $aabaab$ (10 S.) 11.

$a'ba'ba'ba'bba'$ (6 S.) 37. $a_8 b'_7 a_8 b'_7 b'_7 a_8 a_8 b'_7$, 19. $abbaabba$ (8 S.) 40.

$a'a a'a a a'a'a$ (7 S.) 9.

$a'ba'ba'bba'$ (7 S.) 4. $a'_8 b_6 a'_8 b_6 a'_8 b_6 a'_8 b_6 a'_8 b_6$ 25.

Die Mehrzahl seiner Gedichte ist aber in einer viereimigen Strophe gebaut, und zwar gehören dem Typus $abab//$, (wo also der Aufgesang gepaart erscheint), folgende Formen an:

$ababccdd$ (7 S.) 6. $a'ba'bc c'd$ (7 S.) 30, vgl. 12.

$a'_7 b_7 a'_7 b_7 c_8 c_8 d'_7 d'_7$ 29. $a_8 b_8 a_8 b_8 c_{10} c_{10} d_{10}$ 10.

$a_8 b_8 a_8 b_8 c_8 c_8 d_{10} d_{10}$ 41. $ababcdcd$ (8 S.) 43.

$a_8 b_8 a_8 b_8 c_{10} c_{10} d_{10} d_{10}$ 39. $a_8 b_8 a_8 b_8 c_8 d'_7 d'_7 c_8$ 17.

Der Typus $abba//$ ist durch folgende Formen vertreten:

$abbacca$ (8 S.) 32. $\qquad abbacddc$ (8S.) 31., (10S.) 34.
$abbaccd$ (8. S.) 5. $\qquad abbac'd'd'c'$ (7 S.) 8.
$a'b'b'a'ccd'$ (10 S.) 42. $\qquad a_8b_8b_8a_8c',c',d_{10}d_{10}$ 1.

Zu beiden Typen können folgende Formen gerechnet werden:

$abaccdd$ (8S.) 15. $\qquad abbc'c'dd$ (7 S.) 45. $\qquad abbcddc$ (8S.) 33.

Von den übrigen Strophenformen, die sich sämmtlich als Erweiterungen eines der beiden Typen erklären lassen, treten in engere Beziehung $abbacdce'$ (7 S.) 16, $abbac'dc'ee$ (7 S.) 20 $a_8b_8b_8a_8c',c',d_{10}e_{10}e_{10}$ 13. einerseits und

a',b',a',c',d_8d_8e', 26, $a_8b_8a_8c_8c_8d',d',e_8$ 21. andererseits.

Eine 6 reimige Strophenform zeigt Nr. 38 nach dem Schema: $abbacddce'f$ (7 S.), eine 8reimige Nr. 3: $a'b'c'd'eefgh'gg$ (7 S.).

Bernart de Ventadorn zeigt starke Neigung für den 10-Silbler, den Marcabrun noch kaum verwandte; statt dessen vermeidet er durchaus, die Cobla wie Wilhelm IX. und auch oft genug Marcabrun mit mehreren gleichreimigen Zeilen zu beginnen. Bemerkenswert ist auch der allerdings nur in Gedicht Nr. 22 vorkommende weibliche 8-Silbler, gemischt mit männl. 8-Silblern und männl. 10-Silblern.

Bei Bertran de Born tritt zwar im Verhältniss zu seinen Vorgängern, wenn man die Arten der Verse innerhalb der einzelnen Strophen berücksichtigt, eine grosse Mannigfaltigkeit der metrischen Form hervor, indem einige Strophen sogar Mischung von vier Versarten zeigen, z. B. 26, 18, 3, 12. Auch seine Strophenformen sind teilweise recht künstlich zu nennen; gleichwohl lassen sich die meisten in systematischen Zusammenhang mit einander bringen. Wiederholungen derselben Form begegnet man mehrfach, so $aabaab$ (10S.) 15 und a_8a_8b',a_8a_8b', 14.

$a_8a_8b_8b_8c',b_8c'$, 16. 44; $\qquad ababbc'c'b$ (10 S.) 43. 25;
$a'ba'bbba'$ (10S.) 1. 31; $\qquad a_{10}b_{10}a_{10}b_{10}c',a_{10}a_{10}$ 4. 17.
$a_{10}b_{10}a_{10}b_{10}c'_{10}b_{10}'$, 19; $\qquad ababccdd$ (10 S.) 34.
$ababc'bc'b$ (10S.) 33 (Cobla 2 u. 5); $\qquad a'ba'bccdd$ (10 S.) 7;
$\qquad\qquad\qquad\qquad\qquad\qquad\qquad a_8b_8a_8b_8c_8c_8d_8d_8$ 20.

Nr. 6, welches ebenfalls die Form $ababccdd$ (10 S.) trägt, gehört nicht Bertran de Born an (Stimm. pag. 82 f.).

Die übrigen Formen sind zum grössten Theil auf eine der gewöhnlichen Grundformen zurückzuführen, so sind zunächst die Formen:

$ababccbb$ (8 S.) 45. $a_8 b_8 a_8 b_8 c_8 d_4 c_8$ 11.
$a_8 b_8 a_8 b_8 c'_{10} c'_{10} c'_{10} c'_{10}$ 5. $a_7 b'_6 a_8 b'_6 a_8 c'_7 c'_7 a_7$ 39.

aus dem Typus $ababccdd$ hervorgegangen; desgleichen ist bei den Formen:

$a_8 b_8 b_8 a_8 c'_7 a_8 a_8 c'_7$ 35. $abbac'abc'$ (7 S.) 8.
$a_8 b_8 b_8 c'_7 b_8 b_8 c'_7$ 24. $abbaabc'bc'b$ (8 S.) 10.

der Typus mit gekreuztem Aufgesang $abba$ // unverkennbar.

Peirol bevorzugt zweireimige Coblen, wofür Gedicht Nr. 12, 14, 19 und 26 einen Beleg bieten. Arnaut Daniel dagegen wendet mit Vorliebe die Form an, welche sich durch das Reimschema $abcdef$ oder $abcdefg(h)$ darstellen lässt. Diesen Typus repräsentiren die Gedichte Nr. 14, 8, 4, 3, 10, 18, 13, 9, 1, 17. Man wird nun von vorn herein nicht erwarten, dass sämmtliche Troubadours dieser metrischen Tendenz huldigten; einige machten sich von ihr frei und gingen ihren eigenen Weg. So vor allen Dingen Guiraut de Borneill (der sich nur einmal in der Form wiederholt in Gedicht Nr. 51 und 52), dessen Ausnahmestellung sich durch den Umstand documentirt, dass unter den 80 von ihm überlieferten Gedichten nicht weniger als 54 Strophenformen aufweisen, die in der übrigen Literatur nicht zu belegen sind. Eine Ausnahmestellung anderer Art nimmt Peire Cardenal ein, auch bei ihm stellt sich eine grosse Reichhaltigkeit an verschiedenen Strophenformen heraus; freilich kehrt zuweilen eine schon gebrauchte Strophenform wieder, von einer Bevorzugung gewisser Grundformen ist aber nichts bemerkbar; im Gegensatze zu Guiraut de Borneill sind jedoch seine Strophenformen auch in der übrigen Literatur vertreten²).

Bei Peire Cardenal macht sich gerade das umgekehrte Verhältnis, wie bei Guiraut de Borneill geltend. Während nämlich (wie schon hervorgehoben) die Mehrzahl der Gedichte des letzteren bezüglich ihrer Strophenform isolirt dasteht, ihre Form also sicherlich sein Eigentum ist, und auch bezüglich der übrigen Gedichte Guiraut de Borneill in keinem Falle stricte Entlehnung der Form nachgewiesen werden kann, weisen von den 67 in Betracht kommenden Gedichten Peire Cardenal's — Nr. 22 gehört zu Nr. 68; Nr. 14 ist ein Lehrgedicht in sechssilbigen Versen und Nr. 35 stand mir nicht zur Verfügung — nur neun eine in der übrigen Literatur nicht weiter belegte Strophenform auf. Von diesen gehören drei der Gattung des »Descort« an, nämlich 59, 63 und 36. Da diese Dichtungsart eine besondere Untersuchung verdient, so begnüge ich mich hier damit, die formellen Berührungspunkte unserer drei Descorts mit andern Gedichten nachzuweisen, die Frage nach der direkten Beeinflussung seitens eines andern Descorts dieser Specialuntersuchung zur Entscheidung überlassend. Hierbei würde namentlich auch zu untersuchen sein, ob die von der Theorie geforderte metrische und strophische Ungleichheit im Bau der einzelnen Coblen von den Dichtern durchaus beobachtet wurde oder ob davon Abweichungen zu constatiren sind.

Die Strophenform von Peire Cardenal 63, Cobla 1 und 2 zunächst stimmt mit der von P. Vidal 27 überein; der Reim *b* ist beiderseits gleich -*is*; mit Cobla 2 berührt sich noch enger Cobla 5 von P. Vidal 27, da in beiden Coblen die Reimreihe *al*, *is* zur Verwendung gelangt ist. Bezüglich Cobla 3, 5 und 6 von Peire Cardenal ist an Gedicht Nr. 7, 11 und 12 von Guillem IX. zu erinnern. Auch der Bau von Cobla 4 erweist sich auf Grund des die Strophe schliessenden kürzeren Verses (4-Silblers) als volkstümlich (vgl. Bartsch, Jahrb. XII., 2 f.).

Hinsichtlich Peire Cardenal 59 habe ich folgende Analogien constatiren können: die Reimreihe *ura, en, es* in Cobla 1 und 2 erinnert an Peirol 5, Bernart de la Barta 4 und Uc de S. Circ 39; auch lassen sich unsere Coblen mit Hülfe einer nahe liegenden Emendation (vgl. die in *Y* anonym überlieferte Cobla 2 unseres Gedichtes 461, 168) auf die diesen Gedichten zu Grunde liegende Strophenform zurückführen. Die Reimreihe (und Strophenform) von Cobla 3 (und 4) begegnet uns noch einmal bei Peire Cardenal, nämlich in Gedicht Nr. 65.

Für Nr. 36 habe ich keine verwandten Strophenformen auffinden können; auch bin ich bezüglich des Baues dieses Descort nicht ganz sicher. Für Cobla 3 und 4 liegt die Zweiteilung auf der Hand, jeder Theil besteht aus einer vierzeiligen Strophe nach dem Schema $a'_2 a'_2 b_2 b_1$; dagegen stört in Cobla 3 der vierte Vers den sonst sehr durchsichtigen Bau; noch unsymmetrischer erscheint aber der Bau der ersten Cobla; vielleicht ist aber dies der schlechten Ueberlieferung zur Last zu legen. Da Nr. 11 und 12 die nämliche Strophenform aufweisen, so reducirt sich demnach die Zahl der nur bei Peire Cardenal auftretenden Strophenformen auf fünf.

Abgesehen von diesen fünf vielleicht für Peire Cardenal in Anspruch zu nehmenden Strophenformen, begegnen demnach, wenn wir die mit mehreren Gedichten vertretenen Formen nur einfach zählen, nicht weniger als 43 zum Theil sehr verschiedene Strophenbildungen, deren Vorkommen auch in der übrigen Literatur nachzuweisen ist. Soll man nun annehmen, dass diese, ebenso wie bei Guiraut de Borneill, eigene Erfindung unseres Dichters sind? Peire Cardenal selbst giebt uns darüber keinen Aufschluss; es begegnet einerseits keine jener Wendungen, welche mit grösserer oder geringerer Wahrscheinlichkeit auf Originalität der Form hinweisen, wie z. B. in folgenden Fällen: Bertran de Born 22, Z. 6: E pensamens no m' enpacha   Ni sabers nom fai sofracha   De far un novel sirventes. Marcabrun 14, Tornada: Marcabrus a fag lo tresc   e no sap don mou la tresca. Marcabrun 9: Aujatz de chan ... e Marcabrus la razo el vers lassar e faire. Marcabrun 35: Pax in nomine Domini Fetz Marcabrus lo vers el so. P. Vidal 38: Pos ubert ai mon ric tesaur Trairai un gai sonet novel. P. Vidal 48, Guillem IX, Jaufre Rudel, Arn. Daniel in mehreren Gedichten u. a. m.

Andererseits aber ist auch in keinem Falle angegeben, dass er sich ein anderes Gedicht zum Muster genommen hat — wie dies gebräuchlich gewesen zu sein scheint —: z. B. Uc de S. Circ 21, Zeile 3: donar l'o t'ai el son d'Arnaut Plagues. Uc. de S. Circ 42: Un sirventes voill far en aquest son d'en Gui. P. Bremon 20: Un vers voill comensar el son de ser Gui (Vorbild nicht erhalten). Bertran de Born 13, Cobla 4: Conselh vuelh dar el son de n' Alamanda (Guiraut de Borneill 69, vgl. Seite 21.) Guillem de Berguedan 7: Chanson ai comensada que sera loing chantada en est son veill antic que fetz Nat de Moncada (das Vorbild nicht mehr erhalten); ferner ohne Nennung des Verfassers des nachgebildeten Gedichtes: Guillem Anelier 1: Ara farai, nom puesc tener Un sirventes en est son gay. Guillem Figueira 2: Sirventes vuelh far en est son que m'agensa, und an vielen andern Stellen.

Wir würden demnach in gewissem Sinne zu der oben ausgesprochenen Vermutung berechtigt sein. Allein es ist von vorn herein wenig wahrscheinlich, dass ein Dichter der nachclassischen Zeit — denn als ein solcher ist Peire Cardenal doch anzusehen, da er zur Zeit des Albigenserkrieges und später dichtete — eine so grosse Anzahl verschiedener Strophenformen selbständig gebildet haben sollte. Nun zeigt sich allerdings, dass in vielen Fällen die bei Peire Cardenal auftretenden Formen schon bei früheren Dichtern anzutreffen sind, so bei Guillem IX., Bernart de Ventadorn, Marcabrun, Bertran de Born u. A. Es bleibt jedoch immerhin die Möglichkeit bestehen, dass er diese zwar benutzt, aber durch Einführung eines neuen Versmasses, einer neuen Reimreihe etc. seinem individuellen rhythmischen Gefühl entsprechend umgestaltet hätte, so dass noch eine gewisse Originalität ihm gewahrt bliebe. Um diese Frage demnach endgültig entscheiden zu können, sind wir auf eine genauere Vergleichung der Gedichte Peire Cardenal's mit denjenigen anderer Dichter, die die gleiche strophische Form zeigen, hingewiesen. Diese Untersuchung bietet auch aus folgendem Grunde ein gewisses Interesse. Man hat nämlich, gestützt auf vielfache Beobachtungen, und im Anschluss an die Definition der Leys d'amors I., 340 und die Doctrina de compondre dictats (Rom. VI, 354), in neuerer Zeit entgegen der von Diez in »Poesie der Troubadours« aufgestellten Erklärung die Ansicht vertreten, ein Sirventes habe stets Strophenbau und Melodie von einem vers oder einer canzo entnommen, es sei, mit andern Worten, im Dienst einer Canzone gedichtet. (Rajna'sche Deutung: Giornale di fil. rom. II., 73 f.) Allein diese Nachahmung ist nicht durchweg zu beobachten. Diese Ansicht hat denn auch schon eine ausführliche und gründliche Widerlegung erfahren durch Emil Levy, Guillem Figueira, ein provenzalischer Troubadour. Berlin 1880. S. 15 f. Da auch Peire Cardenal fast ausschliesslich die Gattung des Sirventes gepflegt hat, so können seine Gedichte von Neuem eine Entscheidung darüber herbeiführen helfen; auf diese Frage hier jedoch näher einzugehen, halte ich nach der ihr von Levy zu Teil gewordenen Untersuchung für überflüssig; ich werde mich damit begnügen, zur weiteren Veranschaulichung des Levy'schen Resultates, bei den in Frage kommenden Gedichten jedes Mal die Gattung und die Anzahl der Strophen anzugeben. Es wird sich zeigen, dass sowohl Canzonen als Sirventese als Muster gedient haben. Freilich wird sich nicht in allen Fällen eine zwingende Entscheidung treffen lassen; manche in Betracht kommende Gedichte gleichzeitiger Troubadours geben uns nur unbestimmte und unzureichende chronologische Indicien an die Hand, so dass die Frage nach der Priorität des einen oder des anderen Gedichtes oft nur mittelst anderweitiger Kriterien entschieden werden kann, in einzelnen Fällen sogar unentschieden bleiben muss. Gerade die Sirventese Peire Cardenal's bieten in dieser Beziehung öfters Schwierigkeiten dar. Da sie die Zustände der Zeit in allgemeinen Zügen schildern, so sind die Anspielungen — die den Zeitgenossen des Dichters sicherlich verständlich waren — für uns nur ungefähr mit historischen Ereignissen in Einklang zu bringen; die unausbleibliche Consequenz davon ist, dass in einzelnen Fällen auf die genauere Datirung der Gedichte Verzicht geleistet werden muss. Die folgende Untersuchung versucht diese Frage so nahe als möglich ihrer Lösung zuzuführen, und auf Grund der sicheren Resultate wird sich dann ein klares Bild von der formellen Eigenart unseres Dichters gewinnen lassen.

Ich benutze schliesslich mit Freuden die Gelegenheit, um meinen verehrten Lehrer, Herrn Prof. Stengel, welcher nicht allein mit bekannter Bereitwilligkeit das vielfach nur handschriftlich vorhandene Material zu dieser Untersuchung mir zur Verfügung gestellt hat, sondern auch durch manchen vortrefflichen Wink die Förderung derselben sich hat angelegen sein lassen, meines wärmsten Dankes zu versichern.

Wenden wir uns zunächst denjenigen Gedichten von Peire Cardenal zu, welche mit Liedern Bernarts von Ventadorn gleiche strophische Form zeigen; von diesen kommen folgende in Betracht: B. G. 70, 6; 12; 26; 40; 41; 43; 44. Von diesen sind sechs auf Grund der handschriftlichen Attribution für Bernart de Ventadorn durchaus gesichert. Eine Schwierigkeit könnte vielleicht Nr. 40 machen, welches nur von C unserem Dichter beigelegt wird. Doch erweist sich dieses auf Grund des Inhaltes ebenfalls als Eigentum Bernart's (vgl. S. 16). Auch die Priorität Bernart's de Ventadorn gegenüber Peire Cardenal kann keinem Zweifel unterliegen. Es kommt also nun darauf an nachzuweisen, dass die

Uebereinstimmungen in den einzelnen Fällen auffallend genug sind, um auf Grund derselben für Peire Cardenal Entlehnung annehmen zu können.

Dies ist zunächst bei folgenden Gedichten der Fall: Bern. de Vent. 41 (Canz.: 6 Cobl. 1 Torn.) und P. Card. 17 (Sirv.: 5 Cobl. 1 Torn.).

Die Strophenform, $a_8 b_8 a_8 b_8 c_8 c_8 d_{10} d_{10}$, ist sehr einfach und findet sich vielfach verwendet. Das Entscheidende für die Entlehnung ist der Umstand, dass neben gleicher Reimreihe (*uelh, e, or, al*) und gleichem Silbenschema in beiden Gedichten das Reimwort »cor« den Reim jeder sechsten Zeile in allen Coblen bildet. Bemerkenswert ist, dass die Mehrzahl der bei Bernart de Ventadorn vorkommenden Reimworte bei Peire Cardenal wiederkehrt (vgl. S. 29).

Ferner: Bern. de Vent. 26 (Canz.: 6 Cobl. 2 Torn.) und P. Card. 61 (Sirv.: 5 Cobl. 1 Torn.). Hier hat P. Card. die Künstelei der Vokalreime wie Bern. de Vent. angebracht (vgl. S. 31).

Die zu Grunde liegende Strophenform, die nur in diesen beiden Gedichten vertreten ist, lässt sich durch folgendes Reimschema darstellen:

$$a'_7 b'_7 a'_7 c'_7 d_8 d_8 e'_7$$

mit der Reimreihe: *anda, uelh, anda, onda, ans, ans, enda*. An der Entlehnung durch Peire Cardenal kann demnach wol nicht mehr gezweifelt werden.

Dem Gedichte Bernart's de Ventadorn 44 (Canz.: 6 Cobl. 1 Torn.) ist weiter die Form von P. Card. 25 (Sirv.: 5 Cobl. 2 Torn.) entlehnt. In dieser Form, die dem Reimschema

$$a'_8 b'_8 a'_8 b'_8 a'_8 b'_8 a'_8 b'_8 c_4 c_4 c_7 b'_8 \text{ }^3)$$

entspricht, ist ausserdem Peire Bremon 9: (Sirv.: 5 Cobl. 1 Torn.) abgefasst. Die Kriterien, welche zunächst gegenüber Bernart de Ventadorn für P. Card. die Entlehnung erweisen, sind:

1) Das gleiche Versmass (s. das Reimschema);
2) gleiches Geschlecht correspondirender Reimsilben (Cobl. 1: *oja, ura, oja, ura, oja, ura, oja, ura, or, or, or, ura* bei Bern.

de Vent., *ura, esa, ura, esa, ura, esa, ura, esa, or, or, or, esa* bei P. Card.);

3) gleiche Art der Reimablösung, nämlich: die zweite Cobla nimmt den Schlussreim der ersten als ersten Reim wieder auf, führt aber als zweiten Reim eine neue Reimendung ein, ebenso die 3. im Verhältniss zur 2. Cobla u. s. f.;

4) gleiche Reimsilbe für den Reim *c (= or)*;

5) von den bei Bern. de Vent. auftretenden Reimsilben begegnen bei Peire Cardenal folgende: *-ura* und *-ansa*; im Laute nähern sich *oja—onda*, *ona* einerseits, *isa—ia* andererseits (vgl. in dieser Beziehung S. 19: B. de Born 37 und Peire Cardenal 19).

Dass das im Reime der 9. Zeile jeder Cobla von Bernart de Ventadorn 44 auftretende Refrainwort »*amor*« von Peire Cardenal nicht nachgebildet ist, kann nicht weiter ins Gewicht fallen; jedenfalls wird dadurch die Tatsache der Entlehnung nicht in Zweifel gezogen. Es mag auf Zufall beruhen, dass in der ersten Cobla von P. Cardenal 25 in der 9. Zeile ebenfalls »*amor*« als Reimwort auftritt.

Mit gleicher Bestimmtheit ist für das Lied Peire Bremon's Entlehnung anzunehmen; auffälliger Weise bildet aber nicht die Canzone Bernart's de Ventadorn sein direktes Vorbild, sondern Peire Cardenal's Sirventes. Auch dieses Gedicht, ein Rügelied gegen Sordel, hat für den Reim *c* die Reimsilbe *-or* verwendet; das Versmass stimmt ebenfalls vollständig mit dem der beiden andern Gedichte überein; unser Gedicht weist jedoch keine Reimablösung auf, sondern Durchreimung auf Grund der Reimreihe *ensa, ia, or*. Dies letztere beweist zugleich die Beeinflussung durch Peire Cardenal's Sirventes. Die Reime -*ensa* und -*ia* begegnen nur bei P. Cardenal (in der letzten Cobla seines Gedichtes); ausserdem ist auch in dem Sirventese Peire Bremon's das Refrainwort »*amor*« nicht vorhanden; »*amor*« steht allerdings 2mal im Reime, aber beide Male in der vorletzten Zeile; es ist sehr unwahrscheinlich, dass zwei Dichter selbständig den Gedanken gefasst haben sollen, die Form und

Weise eines Gedichtes nachzubilden, dabei aber von der Einführung der jenem charakterischen Künstelei abzusehen. Die Abfassungszeit von P. Card. 25 setzt nun Diez, a. a. O. pag. 458 in das Jahr 1219; die dichterische Tätigkeit Peire Bremon's fällt aber bedeutend später (cf. Diez, pag. 478 u. 581.) Zwar bietet die genaue Bestimmung der Lebenszeit dieses Troubadours erhebliche Schwierigkeiten. Wir sind, da eine Biographie nicht erhalten ist, allein auf die Gedichte angewiesen. Aber auch diese gewähren uns nur teilweise Aufschluss. Seine Liebeslieder zunächst sind hierfür wertlos, da in keinem derselben die Dame, die er besungen hat, namhaft gemacht wird, und nur in einem, Nr. 21, ihr (wahrscheinlicher) Versteckname »Bels desiriers« auftritt. Aus seinen übrigen Liedern können wir jedoch entnehmen, dass er zur Zeit Sordel's (nach Diez 1225—50) gelebt hat; denn ihm gelten das vorliegende Sirventes, Nr. 18 und Nr. 6. Sodann ist das Klagelied auf Blacatz (Nr. 14) sicherlich kurz nach 1236 entstanden, und zwar, wie aus dem Anfange dieses Gedichtes: »Pos partit an lo cor en Sordels e'n Bertrans« hervorgeht, später als die diesem Fürsten gewidmeten Klagelieder Sordel's und Bertran's d'Alamanon (B. G. 437, 24 und 76, 12). Demnach ist es überhaupt unwahrscheinlich, dass eins seiner Lieder früher als 1219 zu setzen ist.

Dieselbe Strophenform, die P. Cardenal 17 zu Grunde liegt, begegnet auch in seinem Gedicht Nr. 55 (Sirv.: 5 Cobl., keine Torn.). Auch in diesem Falle hat Bernart de Ventadorn das Muster abgegeben, und zwar mit dem Gedichte 6 (Canz.: 7 Cobl. 2 Torn.). Das Versmass beider Gedichte ist der 7-Silbler, die Reimreihe: $or_,$ *en, at, o*. Obgleich die Strophenform zu denjenigen gehört, welche eine grosse Anzahl von Gedichten trägt, obgleich ferner bei dem verschiedenen Charakter der beiden Gedichte inhaltliche Beziehungen ausgeschlossen sind, so spricht doch die Tatsache, dass **Bernart de Ventadorn wiederholt nachgebildet worden ist**[4]), dafür, dass auch in diesem Falle Abhängigkeit anzunehmen ist, um so mehr, als die hier verwendete Reimreihe in keinem einzigen anderen Gedichte wiederkehrt, welches unsere Strophenform zu Grunde gelegt hat.

Die Form *ababcdcd* (8 S.) begegnet im Liede Nr. 43 von Bernart de Ventadorn: (Canz.: 7 Cobl. 1 Torn.) Derselben Form, und zwar unter genauer Beobachtung der jenem zu Grunde liegenden Reimreihe, hat sich Peire Cardenal in dem Gedichte Nr. 58 (Sirv.: 5 Cobl. 1 Torn.) bedient *(er, ai, e (en), on)*. Die nämliche Reimreihe liegt noch vor in: Joan Esteve 10 (Planh.: 5 Cobl. 1 Torn.) und Guillem Anelier 1 (Sirv.: 6 Cobl. 1 Torn.). Das sämmtlichen 4 Gedichten zu Grunde liegende Versmass ist der 8-Silbler. In Bezug auf die Priorität der Canzone Bernart's den drei anderen Gedichten gegenüber kann zunächst kein Zweifel obwalten. Dass ferner Peire Cardenal seinerseit der Zeit nach den Troubadours Joan Esteve und Guillem Anelier vorausgeht, wird durch den Inhalt dieser letzteren Gedichte selbst ausser Zweifel gestellt. Das Lied Joan's Esteve ist ein Klagelied auf den Tod eines Guillem de Lodeva, der nach Diez, Leben und Werke der Troub., pag. 600 im Jahre 1289 starb. Bezüglich des anderen Gedichtes bietet uns das Geleit einen genügenden Anhaltspunkt; darin ist von einem Coms d'Astarac die Rede, dessen Ruhm sich weit ausdehnt, und weiterhin von einem Kinde, das die Macht des Hauses wieder herstellen wird. Unter den Grafen von Astarac kommt hier nur Centule II. in Frage, welcher in jugendlichem Alter im Jahre 1233 zur Regierung gelangte. Wenn dadurch also die Priorität Peire Cardenal's ausser Frage gestellt ist, so sind wir doch nicht im Stande, die Abfassungszeit des letzteren Sirventeses selbst zu bestimmen. In dem Sirventese heisst es: »er liebe den Herrn Re und hasse den Cesto d'Amon, denn Herr Re thue, was sich gezieme, dieser aber plündere und schinde«. Es ist mir nicht gelungen, diese Fürsten oder Herren ausfindig zu machen. Kehren wir zur formellen Seite unserer Gedichte zurück, so ist hervorzuheben, dass Peire Cardenal und Joan Esteve die Reimreihe ganz genau nachgebildet haben, Guillem Anelier von Toulouse dagegen die Reimsilbe *e* durch die Reimsilbe *en* (mit festem *n*) ersetzt hat. Man könnte daraus die Vermutung ableiten, er hätte die Form selbständig erfunden; dem widerspricht jedoch der Eingang seines Gedichtes, wo ausdrücklich angegeben wird, dass es in jenem fröhlichen Tone verfasst sei (Zeile 1: Ara farai .... un sirventes en est son gay, Ab bos motz leus per retener).

In etwas freierer Weise ist das Gedicht Nr. 12 von Bern. de Vent. (Canz.: 6 Cobl. 1 Torn.) nachgebildet; mit diesem zeigen die gleiche Strophenform — *ababaab* — folgende Gedichte: Peire Cardenal 66: (Sirv.: 5 Cobl. 1 Torn.) Guill. Montaign. 6 (Canz.: 5 Cobl. 2 Torn.) 461, 16 (Tenzone) Guill. de la Tor 3: (Sirv.: 2 Cobl.). Die Priorität muss auch hier zu Gunsten von Bernart de Ventadorn entschieden werden; nun hat aber dieser nicht allein eine ganz andere Reimreihe, sondern auch Reimablösung alle zwei Coblen beobachtet, so dass der einzige weitere Berührungspunkt die gleiche Silbenzahl (10-Silbler) ist. Das Sirventes Peire Cardenal's richtet sich zunächst gegen die über Hand nehmende Zuchtlosigkeit und geht dann zu einem heftigen Ausfall gegen die Geistlichkeit über. Im Geleit räth er einem Herrn, Namens Adhemar, dass er, um sich vor den Geistlichen zu schützen, mehr auf ihre Reden als auf ihr Thun achten möge. Wer damit gemeint ist, vermag ich nicht anzugeben. Das anonyme Gedicht bietet dieselbe Reimreihe wie das P. Card.'s Zwei Dichter, die sich gegenseitig mit dem Verstecknamen »Amics privatz« anreden, der demgemäss im Anfange jeder Cobla auftritt, behandeln darin die Frage, ob diejenige Frau vorzuziehen ist, die ihr Gemahl vernachlässigt, oder diejenige, welche eifersüchtig bewacht wird. Die Abfassungszeit wird sich schwerlich bestimmen lassen, da die Ernennung eines Rodrigo zum Schiedsrichter zu unbestimmt ist. Der Troubadour Rodrigo, von dem uns eine Tenzone mit R. (B. G. 424, 1) überliefert ist, mag gemeint sein; aber auch für die nähere Bestimmung der Lebenszeit dieses Dichters liegen keine Anhaltspunkte vor. Guillem de la Tor 3, ein nur in *D*ª erhaltenes Gedicht (zwei Coblen), hat zwar andere Reime verwendet (*eu, ura*),

aber die ursprüngliche Silbenzahl (den 10-Silbler) beibehalten.
Er lebte zur Zeit Sordel's, mit dem er eine Tenzone dichtete.
Im Gegensatze hierzu hat zwar Guillem Montaign. 6 dieselbe
Reimreihe *(ar, ia)*, wie Peire Cardenal verwendet, aber den
10-Silbler durch den 8-Silbler ersetzt. Es ist wahrscheinlich,
dass diese metrische Aenderung zugleich eine andere Melodie, oder
wenigstens eine Modification der ursprünglichen, bedingte. Das
Gedicht Guillem's Montaign. ist dem »valen rey d'Arago« gewidmet, unter welchem Jacob I. (1213—76) zu verstehen ist.

Endlich hat noch Peire Cardenal 47 (Sirv.: 7 Cobl.) dieselbe Strophenform wie Nr. 40 von Bernart de Ventadorn,
(Canz.: 9 Cobl. 1 Torn.) nämlich *abbaabba*; diese Form liegt
ausserdem noch folgenden Gedichten zu Grunde: Bertran 3
(Tenz.: 8 Cobl. 2 Torn.)   Aim. de Peg. 43 (Canz.: 5 Cobl. 1
Torn.).   461, 63 (1 Cobla).   Peire Bremon 17 (Canz.: 5 Cobl.
1 Torn.).   Sordel 22 (französisch).   Lamberti de Bonanel 1
(Canz.: 6 Cobl. 2 Torn.).   Marcabrun 3 (6 Cobl. 1 Torn.), womit
noch zu vergleichen sind: Matfre Ermengau 5 (MG. I., pag. 191).
461, 23 (1 Cobla). Donna de Villanova (Gebet: 5 Cobl.), welche
die einfache Form »*abba*« aufweisen.

Das Lied Bernart's de Ventadorn ist nur in *C* erhalten;
dass es ihm aber in der Tat gehört, geht aus Cobla 3 hervor,
in der der Dichter sagt: »nur das süsse Gefühl eines Kusses
könne ihn von diesem Leiden heilen.« Dies erinnert an Lied
Nr. 39, in welchem er seine Herrin um die nämliche Gunst
bittet (vgl. auch 28, Cobla 7 und 41, Cobla 6). Man wird diese
Canzone demnach in dieselbe Zeit, d. h. in den Beginn seiner
Dichterlaufbahn setzen können. Hinsichtlich der Reimreihe
berührt sich nur Peire Bremon 17 mit Peire Cardenal's Sirventes.

Wenn wir das Gedicht Sordel's, weil französisch, ausser
Acht lassen, so lassen sich auf Grund der Silbenzahl vier Gruppen
unterscheiden:

1) in 7-Silblern: Bertran 3 — Matfre Ermengau 5 — 461, 63.

2) in 8-Silblern: Marcabrun 3 — Bern. de Vent. 40 — Peire Bremon 17 — Peire Cardenal 47.

3) in 10-Silblern: Lamb. de Bonanel 1 — 461, 23 — Dame de Villanova.

4) in 7- und 8-Silblern: Aim. de Peg. 43.

Als Vorbilder für Peire Cardenal können, da Peire Bremon später gedichtet hat, nur Macabrun 3 und Bern. de Vent. 40 in Frage kommen. Beide Gedichte sind in 8-Silblern abgefasst, also einem Vermass von hohem Alter; beiden Dichtern ist auch die häufige Verwendung dieses Versmasses eigentümlich. Bern. de Vent. gebraucht den 8-Silbler in 7 Gedichten ausschliesslich, in weiteren 12 Gedichten mit anderen Versarten gemischt; desgleichen findet er sich bei Marcabrun in 11 Gedichten ausschliesslich, in 9 anderen Gedichten mit anderen Versarten gemischt. Die Strophenform ist jedoch nicht als eine besondere Eigenart eines der beiden Dichter zu erweisen, da sie sich nur in je einem Gedichte findet. Auch der Inhalt beider Gedichte leistet uns zur chronologischen Bestimmung keine Dienste. Für Marcabrun's Gedicht, eine Allegorie auf die Verworfenheit der Welt, ist charakteristisch die Verwendung des Refrainreimes [5]
»(satzes e) saucs« in der 6. Zeile jeder Cobla. Welche Personen unter den in Cobla 4 genannten: Esteves, Costans, Ucs und Berartz de Monleyder zu verstehen sind, weiss ich nicht anzugeben. Wir müssen demnach auf eine endgültige Entscheidung der Priorität dieser beiden Gedichte verzichten. In jedem Falle können wir jedem der beiden Dichter Selbständigkeit der Erfindung beimessen, da ausser gleichem Versmass keine einzige Uebereinstimmung vorliegt.

Bezüglich Peire Cardenal 47 und Peire Bremon 17, die neben gleichem Versmass auch dieselbe Reimreihe verwendet haben, möchte dies nicht anzunehmen sein. Es ist möglich, dass Peire Bremon das Sirventes Peire Cardenal's gekannt hat; nachweisbar ist die Entlehnung auch hier nicht. Aber auch das umgekehrte Verhältniss bleibt zu berücksichtigen (vgl. oben

S. 13). Zur Fixirung des Sirventeses Peire Cardenals fehlt uns jeglicher Anhaltspunkt; es behandelt das beliebte Thema von der Habsucht der treulosen Geistlichen, »Carl Martell wusste sie in Schranken zu halten;« (vgl. den Eingang von Garin le Loherain ed. Paulin Paris.) »aber diesen König erkennen sie als thöricht, denn sie lassen ihn Alles nach ihrem Willen thun und das, was er in Ehren halten müsste, entehren.« (Cobla 6.) Auch die Canzone Peire Bremon's liefert inhaltlich nach dieser Hinsicht keine befriedigenden Aufschlüsse.

Das Gedicht der Donna de Villanova gehört der Zeit des Verfalls an; es ist nach Angabe der Handschrift (Las joyas del gay saber p. 278) im Jahre 1496 verfasst. Die in P anonym überlieferte Cobla (B. G. 461, 63) gehört zu keinem der übrigen Gedichte dieser Form, was schon auf Grund der Reimsilben (esta, ar) ausgeschlossen ist. Die 4 Verse Matfre Ermengau's sind im Breviari d'amor dieses Dichters citirt; sie treten in metrischer Beziehung zur ersten Gruppe. Dorthin gehört auch die Tenzone von Bertran (B. G. 75, 3), einem Dichter, der uns nur als Verfasser von Tenzonen bekannt ist. In dieser Tenzone (mit Gausb. de Poicibot) tritt von zwei zu zwei Coblen vollständiger Reimwechsel ein. Aimeric's de Pegulhan Lied ist eine Canzone an seine Herrin. Zur ungefähren Datirung bietet uns die Tornada einen Anhaltspunkt; hier heisst es:

> Reis d'Aragon, chascun dia
> Son vostre ric don plus cabal,
> Tant gen i sabetz metre sal
> Ab solatz et ab paria.

(s. denselben Ausdruck in 39, Tornada.) Die Entscheidung schwankt zwischen Petrus II. (1196—1213) und Jacob I. (1213—76). Da er aber in andern Gedichten, z. B. »Pos descubrir ni retraire« (B. G. 10, 42) »Car fui de dur' acoindansa« 10, 14 und »En aquel temps quel reis mori n'Anfos« (10, 26) Petrus II. preist, so möchte auch für dieses Gedicht derselbe gemeint sein; die Canzone müsste dann vor 1213, dem Todesjahre Petrus II., entstanden sein. Das Gedicht Lamberti's de Bonanel 1 endlich ist eine Canzone, wahrscheinlich auf Beatrice d'Este, die in der Tornada als die beste der Welt hingestellt wird (Biatritz d'Est, la mieiller etz c' anc fos — ... Qu'el mon non cre q'en aja tant valen — Qui vol gardar totas bonas razos). Das Gedicht ist in 10-Silblern mit Beobachtung von Reimwechsel von zwei zu zwei Coblen abgefasst. Diez, Leben und Werke, pag. 438 Anm. führt nach Muratori 3 Prinzessinnen von Este des Namens Beatrix auf. Wahrscheinlich ist die Nichte Azzo's VII. gemeint, dieselbe, die auch Aim. de Peg., z. B. in 10, 25 Tornada: »Na Biatritz d'Est, tant etz fin e ferma Quil vostre sens nois camja nis desferma« besang, die beiden andern nahmen den Schleier; diese wurde 1234 mit Andreas II. von Ungarn vermählt.

In zweiter Linie kommt für unseren Dichter Bertran de Born in Betracht, dessen hervorstechende Strophenformen auch andere Troubadours zur Nachahmung[6]) angeregt haben. In 8 Fällen tritt er mit ihm durch gleiche Strophenform in Beziehung; jedoch ist nicht immer die Priorität auf Seiten Bertrans de Born gegenüber sonst in Erwägung zu ziehenden Dichtern. Die Priorität vor Peire Cardenal ist jedoch zweifellos (cfr. Stimming, Bertran de Born, Einleitung).

Das Gedicht Nr. 37 (Sirv.: 5 Cobl. 2 Torn.) hat Peire Cardenal formell in seinem 19. Gedicht (Sirv.: 5 Cobl. 1 Torn.) nachgebildet. Es ergiebt sich aus folgenden Uebereinstimmungen: Die Form beider Gedichte ist: $a' a' a' a' a' a' b b b b b$ (8 S.); sie sind beide Sirventese, das Peire Cardenal's gegen eine bestimmte Person, Esteve de Belmont, das Bertran's gegen diejenigen Leute, welche ihm besonders verhasst sind (allerdings erst von Cobla 4 ab). In beiden Sirventesen wird der Reim b durch die Reimsilbe -or gebildet; ebenso tritt beiderseits für den Reim a von Cobla zu Cobla eine neue Reimendung auf;

hier liegt allerdings eine Verschiedenheit vor; aber auch diese Reimsilben lassen erkennen, dass der eine Dichter von dem Sirventes des andern beeinflusst ist; die Reime sind: *eja, onha, acha, ia, ossa* einerseits, *oja, ona, ossa, ina, osa* andererseits (vgl. S. 12). Hierzu kommt noch die auffällige Verwendung eines Eigennamens im Anfang jeder Cobla, bei Bertran de Born: Rassa, bei Peire Cardenal: Esteve [7]).

Hier ist noch Mönch von Montaudon 10 zu besprechen, welches nach Angabe der Handschrift *R* »el so de la Rassa« gedichtet sein soll (cf. Bartsch in der Recension von Stimming's Bertran de Born in der Zs. f. rom. Phil. III., 410). Die diesem Gedichte — es ist ein Enueg — zu Grunde liegende Form zeigt allerdings enge metrische Verwandtschaft mit der unserigen; bemerkenswert ist, dass auch Peire Cardenal in seinem Sirventes, dem, was ihm missfällt — nämlich der schändlichen Tat Esteve's de Belmont — kräftigen Ausdruck verleiht und, vielleicht nicht zufällig, mit: »D'Esteve de Belmont m'enoja« beginnt. Die Strophe zählt beim Mönch von M. freilich zwei Verse weniger, als die bei B. de Born, und zwar zwei Verse, die auf den Reim *a* hätten ausgehen müssen; doch dies fällt bei einem Gedicht aus zweireimigen Coblen nicht weiter in's Gewicht, da man doch annehmen darf, dass für jede auf gleichen Reim und zugleich gleiche Silbenzahl ausgehende Zeile die gleiche rhythmische Singweise vorhanden gewesen ist. Die weiteren Unterschiede bestehen darin, dass auch für den Reim *b* Reimwechsel von Cobla zu Cobla eingeführt wird und dass kein Eigenname, sondern die Wendung: *Bem enoja* regelmässig als Coblen- und ausserdem innerhalb der Coblen häufig als Zeilenanfang wiederkehrt. Das letzere könnte jedoch ebensogut auf Rechnung der Eigentümlichkeit des »Enueg« überhaupt geschrieben werden (vgl. Mönch von Montaudon 8 und 9). Demnach bleibt die die Möglichkeit der Entlehnung immerhin bestehen uud ist der Angabe der Hs. *R* wohl Glauben zu schenken.

Eine zweireimige Strophenform liegt ferner in folgenden Gedichten vor: Guiraut de Borneill 69 (Canz.: 8 Cobl. 2 Torn.). Bertran de Born 13 (Sirv.: 4 Cobl. 1 Torn.). Peire Cardenal 45 (Sirv.: 5 Cobl. 1 Torn.).

Der Erfinder dieser Form — $a'_1 a'_1 a'_1 a'_1 a'_1 b_4 a'_1 b_4$ — ist Guiraut de Borneill; von diesem hat Bertr. de Born die Form entlehnt, wie aus folgender Stelle, worauf Bartsch (Zs. f. rom. Phil. III., 409) aufmerksam gemacht hat, hervorgeht; Cobla 3, 1 von Bertr. de B. heisst: »Conseilh vuolh dar el son de n' Alamanda«, was auf den Eingang von Guiraut's de Borneill Canzone: »S'ieus quier conseill, belh' amig' Alamanda« unzweideutig hinweist. Die formellen Berührungspunkte beider Gedichte liegen zunächst im Versmass, dann in der Verwendung der nämlichen Reimsilbe (-atz) für den Reim b. Abgewichen von dem Original ist Bertr. de Born insofern, als er nicht, wie Guiraut de Borneill, für den Reim a Reimwechsel von zwei zu zwei Coblen eingeführt, sondern den Reim -anda, der nur in den beiden ersten Coblen von Guiraut's Liede auftritt, für sämmtliche Coblen beibehalten hat.

Bezüglich Peire Cardenal's Sirventes ist ebenfalls Entlehnung der Form anzunehmen. Er hat zwar ein ganz anderes Silbenschema (7 7 7 7 7 5 7 5) zu Grunde gelegt und auch dem Reime b eine weibl. Geltung gegeben. Das erstere hat sicherlich eine andere Melodie (oder wenigstens eine Modification der ursprünglichen) bedingt. Weiter kommt von den bei ihm für den Reim a gebrauchten Reimendungen keine in den beiden andern Gedichten vor. Trotzdem müssen wir auf Grund der seltenen Strophenform auch hier Entlehnung annehmen. Schwieriger zu entscheiden ist die Frage, welches von den beiden Gedichten das direkte Vorbild für ihn gewesen ist. Wenn einerseits die Beobachtung von Reimwechsel hinsichtlich des Reimes a auf Guir. de Borneill hinweist, dem er in mehreren Fällen die Form zu seinen Gedichten entlehnt hat, so spricht doch sein Charakter als Sirventesendichter mehr für Bertr. de Born. Auf Grund dieses Umstandes hat auch Bartsch, a. a. O. pag. 409 f., sich für letzteren entschieden.

Eine einfache, aber durch die Reimreihe und das Silbenschema hervorstechende Form — $ababccdd$ — hat Peire Cardenal dem Liede Nr. 20 von Bertr. de Born (Sirv.: 6 Cobl. 1 Torn.) entlehnt, nämlich in seinem Gedichte Nr. 40 (Sirv.: 5 Cobl. 1 Torn.). Diesem Gedichte gehört auch die anonym überlieferte Cobla 461, 71 (als Cobla 2) an (nachgewiesen von Stengel, »Studien über die prov. Liederhandschriften« in der Zs. f. rom. Phil. II., 389 Anm.).

Das beiden Gedichten — Sirventesen — zu Grunde liegende Reim- und Silbenschema lässt sich so darstellen:

$$a_4\ b_8\ a_8\ b_8\ c_8\ c_8\ d_8\ d_8$$
$$\text{aris. ans, aris, ans, ors,}\qquad\text{oi}$$

Peire Cardenal's Rügelied richtet sich gegen die Franzosen; für thöricht hält er Apulier und Lombarden und Longobarden und Deutsche, wenn sie die Franzosen und Picarden zu Herren verlangen. Diez, a. a. O. pag. 460 bezieht dies auf das Bündnis des deutschen Kaisers Friedrich mit Philipp II. August von Frankreich gegen Otto IV. (1212). Zu dieser Zeit stimmt die Anspielung auf den Grafen von Montfort, Cobla 2, 5: »E tema meyns mort — Qu'el coms de Monfort — Qui vol qu'a barrey — Lo mons li sopley«, die ich jedoch nicht mit einem bestimmten Vorfalle in Verbindung zu setzen weiss.

In den folgenden Gedichten lernen wir Peire Cardenal als Nachahmer von einer neuen Seite kennen; die Strophenform $ababbc'c'b$ (10 S.) haben folgende Gedichte: Bertran de Born 25 (Halbsirv.: 3 Cobl. 1 Torn.). Peire Cardenal 56 (Sirv.: 4 Cobl.). Blacatz 3 (Tenz.: 2 Cobl.). Raimbaut de Vaqueiras 15. 461, 63 N (handschriftlich). Faure 1 R (handschriftlich).

Sowohl das Gedicht Bertran's de Born, als das Peire Cardenal's ist nur in einer Handschrift überliefert, dieses in R, jenes in M. Für Bertran de Born ist das Gedicht aus innern Gründen gesichert; auch an Peire Cardenals Autorschaft für das andere dürfen wir wohl festhalten, da keine der Handschrift R widersprechende Attribution vorliegt. In beiden Gedichten ist die Reimreihe *os, iers, ansa* verwendet; das entscheidende Kriterium bildet jedoch die enge inhaltliche Verwandtschaft, die sich sogar auf gleiche Wendungen erstreckt; einige fast wörtliche Uebereinstimmungen (vgl. S. 35) verdienen notirt zu werden:

Bertr. de B. 3, 1: Trompas .... senheras e penos.
Peire Card. 3, 1: ...... senhieiras e penos.
Bertr. de B. 1, 2: qu'en brieu veirem.
Bertr. de B. 2, 2: en brieu veirem camps.
Peire Card. 3, 2: e veirem per los fassendiers.
Peire Card. 1, 2: veyrem tendre per pratz.
Peire Card. 2, 4: veyrem armatz.
Peire Card. 3, 4: veirem pel plan.

Hiernach kann man nicht mehr an der Entlehnung durch Peire Cardenal zweifeln.

Unter den übrigen Gedichten bieten noch besonderes Interesse Raimb. de Vaq. 15 und Blacatz 3; das erstere beginnt: »En Ademar, chauzetz de tres baros«, das letztere: »En Pelissier, chauzetz de tres lairos«. Der erstere lässt seinem Gegner die Wahl zwischen drei Baronen, deren Eigenschaft er ihm angiebt, der letztere zwischen drei Dieben, die gleichfalls in der ersten Cobla näher bezeichnet werden. Es liegt auf der Hand, dass wir es hier mit einer »Parodie«[8]) zu thun haben (vgl. S. 33). Daraus, dass in dem Gedichte Raimbaut's de Vaqueiras Perdigo gleichfalls eine Entscheidung über die aufgeworfene Frage treffen soll, geht hervor, dass das Lied ziemlich spät anzusetzen ist; gleichwol kann es nicht nach 1207 entstanden sein, denn nach diesem Jahre hat der Dichter Raimbaut schwerlich noch gelebt (cf. Diez, Leben und Werke pag. 297.).

Das in *N* erhaltene anonyme Gedicht (461, 43) liefert einen neuen Beleg zu jener Art von Tenzonen, die nur einen Verfasser haben (vgl. B. G. pag. 35); sie reiht sich hierin den ähnlichen Tenzonen des Mönches von Montaudon an; auch sie ist, wie des leteren Gedicht Nr. 12 und 7, eine Tenzone mit Gott. Faure 1, gleichfalls der Gattung der Tenzonen angehörend, hat eine andere Reimreihe verwendet, nämlich *utz*, *o*, *ensa*; das Versmass ist aber, gleich den übrigen, der 10-Silbler. Von diesem Dichter ist uns nur diese Tenzone erhalten; auch über den Interlocutor Falconet lässt sich auf Grund der zwei von ihm erhaltenen Tenzonen nur so viel bestimmen, dass er zur Zeit des Kaisers Friedrich II. von Deutschland gelebt haben muss. Die in unserer Tenzone genannten Personen, wie Martin, Lauziniers, Richaval d'Azillers, Garin d'Anjers, (vielleicht Garin d'Apchier?) weiss ich nicht mit historischen Persönlichkeiten zu identificiren.

Auch bei den folgenden Liedern, denen die Form

$$a'_{10}\ b_{10}\ b_{10}\ a'_{10}\ c_5\ c_5\ d_5\ c_5\ e_5\ f'_5\ f'_5\ c_5\ c_5\ c_7$$
$$\text{aire,\ ut,\ ut,\ aire,\ an,\ an,\ o.\ an,\ ors,\ enha,\ enha,\ an,\ an,\ an}$$

zu Grunde liegt, lassen sich inhaltliche Beziehungen, wenn auch weniger auffälliger Natur, nachweisen, nämlich bei: Peire Raimon de Tol. 9 (Canz.: 6 Cobl. 1 Torn., wozu P. Raim. de Tol. 2 gehört). Bertr. de Born 26 (Sirv.: 5 Cobl. 3 Torn.). Peire Card. 2 (Sirv.: 5 Cobl. 1 Torn.).

Die Erfindung dieser Strophenform ist mit grosser Wahrscheinlichkeit Peire Raimon de Tolosa beizumessen; er sagt im Eingang seiner Canzone, »er wolle, da er von »Ereubut« (Versteckname für seine Geliebte) dazu beauftragt sei, und ihn treue Liebe in Fesseln halte, ein neues Liedchen (un nou chantaret prezan machen«; und es liegt kein Grund vor, diesen Ausdruck nicht wörtlich zu nehmen. Ihn hat dann Bertran de Born nachgebildet, und dieser ist seinerseits wieder von Peire Cardenal benutzt worden. Bertran's de Born Lied ist ein Klagelied auf den Tod des Königs Heinrich von England, der am 11. Juni 1183 einem hitzigen Fieber erlag. Peire Cardenal spielt auf dieses, jedenfalls seiner Zeit beliebte Gedicht offenbar an, wenn er sagt: »Wie man seinen Sohn oder Vater oder einen Freund beklagt, wenn der Tod ihn hinweggerissen hat, so beklage ich vielmehr die Ueberlebenden, die hinterlistigen, treulosen Menschen.« Wie Bertran de Born, um den Gegenstand seiner Klage hervortreten zu lassen, 3 Coblen mit *Senher* bezw. *Reis cortes* beginnt, so lässt auch Peire Cardenal durch die Strophenanfänge: »Tot lo mon planh«, oder »Home planh« oder »Mout planc« den Character seines Gedichtes erkennen.

In der folgenden Gruppe von Gedichten, deren strophischer Bau sich durch das Reimschema $a b a b c' b c' b$ darstellen lässt, sind die Berührungspunkte der einzelnen Glieder unter einander weniger eng; dieser Form gehören an: Bertran de Born 19 (Canz.: 5 Cobl. 1 Torn.). Peire Cardenal 30 (Sirv.: 5 Cobl. 1 Torn.). Raimon Gaucelm 6 (Tenz.: 6 Cobl. 2 Torn.). Guillem de Mur 2. Peire Bremon 18 (Sirv.: 5 Cobl. 1 Torn.). Guigo de Cabanas 3 (Tenz.: 2 Cobl. 2 Torn.).

Sämmtliche Gedichte stimmen darin überein, dass sie für den Reim c eine weibliche Reimendung benutzt haben; und zwar liegt die nämliche $(c = eta)$ folgenden zu Grunde: Raimon Gaucelm 6, Peire Card. 30 und Guill. de Mur 2. — Raimon Gaucelm 6 steht nun einerseits wieder mit Peire Cardenal 30 durch gleichen Reim für $a (= ol)$, andererseits mit Guillem de Mur 2, durch gleichen Reim für $b (= o)$, in näherer Beziehung.

Es ist zunächst unzweifelhaft, dass das Gedicht Bertran's die Priorität beanspruchen kann. Das Lied geht auf Mathilde, Tochter Heinrich I. von England, und muss vor dem Tode der Herzogin († 1189) entstanden sein (cf. Stimming, Bertran de Born, Einleitung pag. 23 und Clédat, Du rôle historique de Bertrand de Born in der Bibliothèque des écoles françaises d'Athènes et de Rome, fascic. septième, pag. 80). Zu dieser Zeit hatte sich sicherlich keiner der übrigen Dichter schon poetisch versucht. Nun gehen aber Peire Cardenal und Bertr. de Born in metrischer Beziehung vollständig auseinander; während dieser in seinem Gedichte das Silbenschema: 10, 7, 10, 7, 10', 7, 10', 7 aufweist, sind sämmtliche Verse Peire Cardenal's 10-Silber. Dazu kommt, dass die Reimreihe Bertran's de Born 19 *(is, au, ana)* vollständig isolirt dasteht. Es ist demnach für diesen Fall die Entlehnung sehr unwahrscheinlich. Dagegen tritt hier der Fall ein, dass die Form Peire Cardenal's der Nachahmung anheimgefallen ist und zwar hat zunächst Raimon Gaucelm seine Form benutzt, von dem sie dann weiter Guillem de Mur entlehnte. Die formellen Berührungspunkte, aus welchen sich dieses Abhängigkeitsverhältniss ergiebt, sind schon oben hervorgehoben. Das Sirventes Guillem's de Mur bezieht sich auf den siebenten Kreuzzug. In der Tornada wird der Erzbischof von Toledo gebeten, den König von Aragon an die Erfüllung seines Gelübdes zu erinnern. Diez, a. a. O. pag. 599 bezieht dies auf Jacob I. von Aragon (1218—76). Jacob I. trat seinen Kreuzzug im Jahre 1269 an, führte ihn aber nicht aus. Peire Bremon's Sirventes bezieht sich auf seinen Zeitgenossen Sordel, mit welchem er in einen heftigen Streit gerathen war. Die Reimreihe ist: *el, es, enda*; das Versmass der 10-Silbler. Die beiden Gedichte von Raimon Gaucelm und Guigo de Cabanas sind Tenzonen, das erstere mit Joan Miralhas, das letztere mit Bertran d'Alamanon. Eine nähere Fixirung derselben ist auf Grund der vorhandenen Anspielungen nicht möglich. Guigo de Cabanas spricht von dem grossen Kriege der beiden Grafen, in welchem er sicherlich den Schild und die Lanze Bertran's unversehrt lassen würde. (Ez eu lor dis qu'en la guerra sobreira Dels dos comtes laissei certanamen Vostr' escut san e vostra lanz' entieira). Auch er verwendet den 10-Silbler und die Reimreihe: *oill, en, eira*. Da jedoch ohnedies feststeht (s. pag. 28), dass dieser Dichter einer späteren Zeit angehört, so ist die genauere Bestimmung seiner Lebenszeit für unsere Zwecke von nebensächlicher Bedeutung.

In der Form *ababccdd* berührt sich Peire Cardenal mit Bertran de Born noch ein zweites Mal; im Ganzen kommen folgende 10 Gedichte in Betracht, die alle die Reimreihe *an, el(h), es, o(n)* und als Versmass den 10-Silbler benutzt haben: Bertran de Born 34 (Sirv.: 7 Cobl. 2 Torn.). Guillem de St. Leidier 3 (Canz.: 6 Cobl. 2 Torn.). Bertran de Paris de Roergue (C. 1, 3, 5, 8, 10 Cobl. 3 Torn.). Joan d'Albuzo 3 (Sirv.: 2 Cobl. 1 Torn.). Raimon Gaucelm 3 (Sirv.: 5 Cobl. 1 Torn.). Raimon Miraval 43 (Sirv.: 2 Cobl.). Peire Cardenal 57 (Sirv.:

6 Cobl. 2 Torn.). Bertran Carbornel 87 (1 Cobla). 461, 33 (1 Cobla). 461, 80 (1 Cobla).

Wir können uns hier auf eine Bestimmung des wahrscheinlich ältesten Gedichtes beschränken, da von einer Entlehnung im bisherigen Sinne des Wortes kaum die Rede sein kann. Hierauf wird das Sirventes Bertran's de Born am meisten Anspruch machen können. Zwar herrscht bezüglich der Fixirung dieses Liedes bei den beiden Biographen des Dichters keine Uebereinstimmung; Stimming setzt es in das Jahr 1184, während Clédat a. a. O. pag. 68 es dem Frühjahr 1186 zuweisen möchte. Jedenfalls aber ist es vor dem 19. August 1186, dem Todestage Gottfried's von der Bretagne, entstanden; denn diesem werden in Cobla 4 noch Vorwürfe gemacht.

Ungefähr um dieselbe Zeit wird auch die Canzone von Guill. de St. Leidier verfasst sein, dessen Blüte in die Jahre 1180—1200 fällt. Das Lied ist der Vizgräfin von Polignac gewidmet, die er unter dem Versteckname »Bertram« besang (cf. Diez, 324). Wer unter dem Grafen Raimon zu verstehen ist (Tornada II.: »Bertram, la filha al pro comte Raimon Degra'n vezer qu'il genza tot lo mon«), ist aus dieser Stelle allein nicht zu entnehmen. Auch seine übrigen Gedichte geben darüber keinen Aufschluss. Das Sirventes Peire Cardenal's lässt sich, wie die meisten seiner Gedichte, ebenfalls nicht genauer bestimmen. Die zweite Tornada bietet zwar folgende Bemerkung: »Faidit, vai t'en chantar lo sirventes Drech al Tornel a'n Guigo, qui que pes, Car de valor non a par en est mon Mas mon senhor en Ebles de Clarmon«. Da Peire Cardenal's wahrscheinlicher Geburtsort Puy Sainte-Marie nicht weit von Clermont entfernt liegt, so ist denkbar, dass er zu den Grafen von Clermont in einem Dienstverhältnis gestanden hat. Leider aber finde ich unter den Grafen von Clermont keinen des Namens Ebles. Ebensowenig lässt sich der Name Guigo mit einem Troubadour dieses Namens in Verbindung bringen.

Sämmtliche übrigen Gedichte gehören einer späteren Zeit an. Joan d'Albuzo 3 zunächst, ein persönliches Rügelied gegen

Sordel, muss im zweiten Viertel des 13. Jahrh. entstanden sein.
Dieses Sirventes ist nur in *H* erhalten und die Uebersetzung
desselben bietet Schwierigkeiten. Die erste Cobla spielt jedoch
offenbar auf die vermeintliche Tapferkeit Sordel's an, die auch
Peire Bremon zu einem Vorwurf veranlasste (B. G. 330, 6),
(vgl. Diez 470 Anm. und 480). Als Antwort auf diesen Angriff
steht in der Hds. *H* das Gedicht Sordel's: Bel cavalier (B. G.
437, 6), das zwar weder dieselbe Strophenform noch dieselbe
Reimreihe — es ist nach dem Schema $abbaccdd$ (10 S.) gebaut — beibehalten, aber mit dem vorigen Liede unzweifelhaft
in Zusammenhang steht. Wohl nicht zufällig sind die beiden
letzteren Gedichte, Joan d'Albuzo 3 und Sordel 6, aus je 2
Coblen und 1 Tornada bestehend, jedes mit einem Refrainwort
versehen; dort bildet »vostra domna« die Anfangsworte, hier
»amor« das erste Reimwort jeder der beiden Coblen.

Raimon Gaucelm 3, ebenfalls ein Sirventes, wird an seinen
Bruder Raimon Gaucelm gesandt nach Pales; unter diesem ist
der »Senhor von Uzest« zu verstehen, wie aus der Ueberschrift
zu dem Liede: Bel senher dieus, quora veyrai mo fraire (gedr.
M. W. III., 161) hervorgeht; Ucest (das lateinische Ucetia) liegt
östlich von Gevaudan, die Stadt selbst nördlich von Nismes.

Die Strophenform des Spruches von Bertran Carbonel endlich
ist dem Sirventese Peire Cardenals entlehnt, den er zu wiederholten Malen zum Muster genommen hat, ja selbst einmal citirt
(B. D. pag. 7, 6). Ich werde auf die formelle Abhängigkeit
Bertran Carbonel's von Peire Cardenal an einer anderen Stelle
zurückkommen [9]).

Gleiche Form mit Peire Cardenal's 20. Lied (Sirv.: 5 Cobl.
1 Torn.) zeigt endlich noch Bertran de Born 11 (Sirv.: 8 Cobl.
2 Torn.); jedoch hat letzerer in diesem Falle nicht das Muster
für jenen gebildet, sondern das Gedicht von Peire d'Alvernhe:
(B. G. 323, 15) (Canz.: 7 Cobl. 2 Torn.). Derselben Strophenform — $ababcdc$ — gehören noch an: Marcabrun 34 (7 Cobl.;
Reimreihe: *ans, ir, ans, ir, ar, ort, ar)*, Marcabrun 39 (9 Cobl.;

Reimreihe: *atz, utz, atz, utz, es, ir, es)*, Bort del rei d'Ar. 3, Rostanh. Berenz. 1 (2 Coblen).

Dass zunächst die Form des Gedichtes von Peire Cardenal dem Liede Peire's d'Alvernhé entlehnt ist, geht aus der vollständigen Uebereinstimmung des Versmasses und der Reimreihe beider hervor. Das folgende Schema giebt davon eine Ansicht:

P. d'Alv. $a_8 b_8 a_8 b_8 c_{10} d_{10} c_{10}$
$_{ert,\ is,\ ers,\ is,\ ics,\ eis,\ ics,}$

P. Card. $a_8 b_8 a_8 b_8 c_{10} d_{10} c_{10}$
$_{ers,\ is,\ ers,\ is,\ ics,\ eis,\ ics,}$

Die einzige Divergenz erstreckt sich also auf die für den Reim d verwendeten Reimsilben (*-eis* und *-etz*). Es ist jedoch nicht notwendig, hier Peire Cardenal absichtliche Abweichung von seinem Vorbilde zuzuschreiben, am einfachsten ist diese Verschiedenheit dialektischen Einflüssen beizumessen. Lautlich mag eine gewisse Ausweichung vorhanden gewesen sein; etymologisch sind beide Silben auf dieselbe lateinische Grundlage zurückzuführen; dies wird durch die vorkommenden Reimworte selbst ausser Zweifel gesetzt z. B. freis bei P. d'Alv. Zeile 6; fretz P. Card. Z. 13; destreis P. d'Alv. Z. 13; destretz P. Card. Z. 34. (vgl. in dieser Beziehung Bertran de Born 5 und Blacatz 8). — Bemerkenswert ist — eine Erscheinung, der wir schon einmal S. 11 begegneten — , dass nicht weniger als 15 Reimworte Peire d'Alvernhe's in Peire Cardenal's Sirventes wiederkehren, es sind: *sabers, pics, vezis, jazers, enics, gics, destrics, vers, mendics, volers, antics, rics, plazers, poders, abrics.*

Peire d'Alvernhe's Lied muss vor 1180 entstanden sein; in der zweiten Tornada ist von einem König Ludwig von Frankreich die Rede (Per qu' ieu cosselh ja no t' en desrazics; Quar mais conquis aqui on ilh m'ateis, Que sim dones Fransa l rei Lodoïcs). Da unser Dichter, den Diez von 1155—1215 (wohl etwas zu spät) ansetzt, den König Ludwig VIII. (1223—26) nicht mehr gekannt haben kann, so ist Ludwig VII. (1137—80) hier gemeint. Ob der in der 1. Tornada genannte Audric von Alvernhe, »welcher den vers auf der Geige wird spielen könnens, identisch ist mit dem im Leben Marcabrun's begegnenden Audric del Vilar, muss unentschieden bleiben.

Hier tritt uns noch die Frage nahe, ob auch die übrigen Dichter unter dem Einfluss der Form des Liedes von Peire d'Alvernhe stehen. Dies ist sowohl hinsichtlich Marcabrun's, der die Strophenform in zwei Gedichten zeigt, als Bertran's de Born unwahrscheinlich. Des ersteren Lieder sind sogar wahrscheinlich noch früher entstanden, als das Peire's d'Alv., da die jüngsten datirbaren Gedichte Marcabrun's dem Jahre 1147 angehören (Romania VI., 129). Bertran de Born könnte beeinflusst sein, da sein Lied nach dem Jahre 1183 entstanden ist (cf. Stimming, pag. 51 f.), allein das originelle Silbenschema (8 8 8 8 8 4 8) und die isolirt dastehende Reimreihe (*or, ir, or, ir, ats, ei, ats*) berechtigen uns, auch für ihn selbständige Erfindung anzunehmen.

Dagegegen zeigen noch ziemlich engen Anschluss an die Form Peire d'Alvernhe's die beiden von Bort del rei d'Arago und Rost. Berenguier überlieferten Coblen. Freilich bezieht sich die Uebereinstimmung nur auf das Silbenschema, allein dies ist schon ein genügender Anhaltspunkt, um Entlehnung annehmen zu können für Dichter der Zeit des Verfalls, denen von vorne herein keine bedeutende Originalität zugetraut werden darf. Hier haben wir es mit einem Beispiele sogenannter Antwortgedichte (échanges de couplets) zu thun, jener Art dichterischen Verkehrs, welche besonders in der nachclassischen Zeit beliebt gewesen ist (cf. P. Meyer, les dern. troub. de la Provence, pag. 75). In unserem Falle liegt ein Witzspiel vor, das Lo Bort del rei d'Arago dem Rostanh Berenguier zu lösen giebt. Das den beiden Coblen, wovon also die eine (Remisio) die Antwort auf die andere (Peticio) bildet, zu Grunde liegende Reimschema stellt sich so dar:

$$a_{8}\ b_{8}\ a_{8}\ b_{8}\ c'_{10}\ d_{10}\ c'_{10}$$
$$\,_{ai,\ ei,\ ai,\ ei,\ ia,\ ar,\ ia.}$$

Von Jaufre Rudel de Blaja hat Peire Cardenal in zwei Fällen die Form zu seinen Gedichten entlehnt, nämlich dessen Liede Nr. 3 (Canz.: 6 Cobl. 1 Torn.) und Nr. 6. Die Form des ersteren Liedes — $a\,b\,b\,a\,q\,b$ — findet sich wieder in dem Liede Peire Cardenal's: B. G. 335, 53 (Sirv.: 5 Cobl. 1 Torn.), ausserdem noch in folgenden Gedichten:
Bertran Carbonel 33 (1 Spruch). Bertran d'Alam. 16 (Sirv.: 6 Cobl. 1 Torn.), Guillem IX. 8 (Vers: 8 Cobl.). Bernart Marti 6. 461, 140a (1 Cobla).

Von diesen bieten besonderes Interesse: Jaufre Rudel 3, Peire Card. 53 und Bertran Carb. 33; in diesen 3 Gedichten begegnet die principielle Verwendung des männlichen Vokalreims ($a = i$, $b = a$), ein Gegenstück zu Bern. de Ventadorn 26 und Peire Cardenal 61 (cf. S. 11). Hinsichtlich des Dichters, der zuerst die Form angewendet hat, kann ebensowenig Zweifel obwalten, wie in Bezug auf den, der sie mit Vokalreimen versehen hat, dieser ist Jaufre Rudel, jener der Graf Guillem IX. von Poitiers. Die Form des Liedes von Jaufre Rudel hat Peire Cardenal benutzt. Betreffs des Spruches von Bertran Carbonel ist die Entscheidung schwieriger zu treffen. Auf der einen Seite ist merkwürdig, dass derselbe Gedanke, der die vier ersten Zeilen von Jaufre Rudel's Canzone ausfüllt, sich in etwas breiterer Ausführung (unter Hinzufügung eines Vergleichs) in Bertran Carbonel's Spruche wiederfindet, ein Umstand, der immerhin in Erwägung gezogen zu werden verdient. Jaufre Rudel nämlich sagt: »No sap chantar qui so no di, Ni vers trobar qui'ls motz non fa«; ähnlich Bertr. Carb.: »Cobla ses so es enaissi Col molis que aigua non a, Per que fai mal qui cobla fa, Si son non li don' atressi«. Andererseits ist jedoch sicher, dass Bertr. Carb. das Sirventes von Peire Cardenal gekannt hat, da er ihn namentlich und einen Vers seines Gedichtes citirt, worauf Bartsch in den Anmerkungen zu den »Denkmäler prov. Literatur« pag. 320 aufmerksam gemacht hat. Die Stelle lautet: »Que porc foran en Lemozi« (Bertr. Carbonel 39, B. D. pag. 7, v. 8), welche an den Vers 8: »Que foron porc en Gavauda« von Peire Cardenal's Sirventes erinnert.

Wir sind demnach wohl berechtigt, anzunehmen, dass Bertr. Carbonel bei Abfassung seiner Cobla 30 auch das Sirventes Peire Cardenals vor Augen gehabt hat. In dem Liede Guillem IX. sind, was noch bemerkt werden muss, mit Ausnahme von 5 sämmtliche Reimworte wirkliche oder substantivisch gebrauchte Infinitive auf -*ar* und -*ir*.

In dem Gedichte Bertran's d'Alamanon 16 ist das Princip der Durchreimung, das in den bisherigen Liedern dieser Form beobachtet war, aufgegeben; statt dessen ist in der Weise Reimwechsel eingeführt, dass der letzte Reim jeder Cobla als erster der nächstfolgenden auftritt. An Stelle des ursprünglichen 8-Silblers ist in dem Gedichte von Bernart Marti der 7-Silbler getreten; ausserdem ist für den Reim *b* eine weibliche Reimendung eingeführt; die Reime (*es, ia*) gehen jedoch durch alle Coblen durch. Auch die anonym überlieferte Cobla in *N* 85c: »Jal mal parlier no po hom tan ferir« hat für *b* eine weibliche Reimsilbe (*egna*); der ursprünglich unserer Form eigentümliche 8-Silbler ist hier durch den 10-Silbler ersetzt.

Das andere von P. Card. benutzte Lied Jaufre Rudel's, Nr. 6 (Canz.: 8 Cobl.; Stimming, Jaufre Rudel, pag. 32: Sirventes!) entspricht folgendem Reimschema:

$$a_8\ b_8\ a_8\ b_8\ b_8\ c'_7\ d_8$$
$$\text{\scriptsize es, en, es, en, en, enha, er.}$$

Ganz genau damit übereinstimmend ist der Strophenbau von Peire Cardenal 15: (Sirv.: 5 Cobl. 1 Torn.). Das Lied von Peire Cardenal ist ein Kreuzlied, das zeitlich zu fixiren auf Grund des sehr allgemein gehaltenen Inhaltes nicht möglich ist.

Im Anschluss hieran sind folgende 3 Gedichte zu besprechen: Guill. Cabest. 5 (Canz.: 6 Cobl. 2 Torn.). Bernart Sicart 1[10]) (Sirv.: 5 Cobl. 1 Torn.). Peire Cardenal 43 (Sirv.: 5 Cobl. 1 Torn.).

Der Bau dieser Lieder entspricht dem Reimschema:
$$a'_4 b_4 a'_4 b_4 a'_4 b_4 a'_4 b_4 c_6 c_6 c_6 d'_4 d'_4 c_6 c_4.$$
In engere Beziehung treten Guill. Cabest. 5 und Bernart Siçart 1 auf Grund folgender Berührungspunkte: Bei beiden tritt alle zwei Coblen Reimwechsel (bezw. Reimablösung) ein. Während aber bei Guill. de Cabest. Reim *d* der ersten und zweiten Cobla als Reim *a* der 3. und 4. Cobla, Reim *d* dieser Coblen wieder als Reim *a* der 5. und 6. Cobla aufgenommen wird, hat Bernart Siçart alle 2 Coblen vollkommen neue Reimsilben eingeführt; nur in den ersten beiden Coblen kommt dieselbe Reimreihe vor, wie bei G. de Cabestanh, nämlich: *ire, en, ei, ensa*. Hierzu treten folgende innere Uebereinstimmungen:

G. de Cabest. 5 beginnt: Li d o u s consire.

Bern. Siçart 1 beginnt: Ab g r e u consire.

G. de Cabest. Cobla 2, 1: totz jorn m'azire.

Bern. Siçart an derselben Stelle: tot jorn m'azire.

Ferner zeigt der Gedankengang eine so auffällige Verwandtschaft, dass Unabhängigkeit von einander ausgeschlossen ist. Das Lied Bern. Siçart's hat einen travestirenden Charakter: wie Guill. de Cabest. aus Liebessehnsucht eine Canzone singt, so verfasst der andere aus Kummer ein Sirventes; wie der erstere träumend und wachend das Bild seiner Geliebten erblickt, so der letztere in gleicher Lage das Elend und die Verderbnis der Welt. In dieser Beziehung vergleicht sich also unser Gedicht mit den auf Seite 23 und 36 besprochenen Beispielen.

Die Reimverkettung in dem Sirventese Peire Cardenal's zwischen den einzelnen Coblen weicht nun von der bei G. Cabest. 5 insofern ab, als schon in der 2. Cobla der Reim *d* der ersten Cobla wieder aufgenommen wird. Folgendes Schema mag dies verdeutlichen:

1. *ura, on, es, ensa*
2. *ensa, or, utz, eza*
3. *eza, en, atz, anha*
4. *anha, is, ort, ansa*
5. *ansa, er, on, enda.*

Von den bei Guill. de Cabest. verwendeten Reimsilben begegnen hier folgende: *en, ensa, is, utz, esa, enda*. Dass also wie Bernart Sicart auch Peire Cardenal die Form diesem Gedichte von Guill. de Cabestanh entlehnt hat, unterliegt hiernach wol keinem Zweifel mehr. Die Möglichkeit, dass P. Cardenal sich an Bern. Sicart angelehnt hat, ist bei den hervorgehobenen engen formellen Berührungspunkten zwischen G. de Cabest. u. Peire Cardenal ausgeschlossen: Dagegen ist die Frage bezüglich der Priorität Bernart Sicart's u. P. Card.'s, die allerdings für die Entscheidung über die Entlehnung in diesem Falle nichts bedeutet, schwieriger zu entscheiden. Beide Gedichte — Sirventese — schildern das Elend der Zeit und die Verworfenheit der Menschen. Bernart Sicart bezieht sich zweifellos auf den Albigenserkrieg, in Colba 2 heisst es: Toulouse und Provence und das Land Agens, Beziers und Carcassonne, wie sah ich euch und wie sehe ich euch nun! Die beiden letzten Städte fielen im Jahr 1209 in die Hände des gegen den Vizgrafen von Carcassonne ausgesandten Kreuzheeres; die erstere wurde mit Sturm genommen, die letztere musste sich ergeben. Auf diese Vorgänge ist obiger Ausdruck zu beziehen.

Das Sirventes Peire Cardenal's hat gleichfalls in den Wirren des Albigenserkrieges seinen Entstehungsgrund; auf den Anführer des Kreuzheeres Simon de Montfort lässt sich füglich folgende Stelle deuten: »Ben es qui planha — quan mals hom s'enriquis — als uns mou lanha — e los autres murtris«. Dagegen lässt sich die folgende Stelle auch sehr gut mit Esteve de Belmont (vgl. P. Card. 19) in Verbindung bringen: »rams es de trasion — qui ab aital raison — auci son companho.« —

Von den Gedichten Peire Vidal's kommen für Peire Cardenal folgende drei in Betracht: B. G. 364, 13, 40 und 4. Alle drei sind auf Grund der handschriftlichen Attribution für Peire

Vidal durchaus gesichert. Mit dem ersteren, Nr. 13 (Canz.: 6 Cobl. 2 Torn.) haben zunächst folgende Gedichte den gleichen strophischen Bau, der sich durch das Reimschema: *a a b b c' b c' d d d d* (6 S.) darstellen lässt: Peire Cardenal 31 (Sirv.: 5 Cobl. 1 Torn.). Raimon de Tors 6 (Sirv.: 5 Cobl. 1 Torn.). Garin d'Apchier 8 (Sirv.: 3 Cobl. nach *D*; ausserdem bei *R. Ch.* V, 449 eine in *D* nicht enthaltene). Garin d'Apchier 7.

Zunächst ist nachzuweisen, dass dem Sirventese Peire Vidal's die Priorität zukommt. Es ist laut der Auseinandersetzung von Bartsch (Peire Vidal, Einltg. S. 54) im Jahre 1196 entstanden, jedenfalls aber noch vor dem Tode des Kaisers Heinrich VI. (1197). Schon aus der engen Anlehnung an Peire Vidal's Lied sowol in metrischer als reimtechnischer Beziehung ist für Peire Cardenal Entlehnung zweifellos; es treten jedoch sogar einige gleichlautende Wendungen auf (vgl. S. 23.), die die Tatsache der Nachahmung erst recht zur Evidenz erheben, so: »quan que tric« (P. Vidal C. 6, 11. — Peire Cardenal v. 32); »o dic« (P. Vidal 2, 11. — P. Cardenal v. 24). Hiernach bedarf es der Anführung der in beiden Gedichten vorkommenden gleichen Reimworte nicht mehr. Das Sirventes Peire Cardenal's richtet sich gegen die Habsucht der Geistlichen, besonders ihre Sucht nach weltlichem Besitz; »die Alcays (s. Stimming, B. de Born, Anm. pag. 233) und Almansors haben nicht zu fürchten, dass der Abt und der Prior sie angreifen und ihrer Besitzungen sich bemächtigen wollen, stets sinnen sie (d. i. die Geistlichen) darüber nach, wie sie es anzufangen haben, damit die Welt ihnen gehöre, und wie sie Friedrich aus dem Sattel werfen können«. Es kann kein anderer als der deutsche Kaiser Friedrich II. gemeint sein; demnach muss das Sirventes mindestens nach 1220, in welchem Jahre er zum Kaiser gekrönt wurde, entstanden sein.

Das Sirventes Raimon's de Tors (Nr. 6) gehört der 2. Hälfte des 13. Jahrh. an. Wenn wir auch nicht im Stande sind, die dem Gedichte zu Grunde liegenden Tatsachen sämmtlich zu deuten, so ist doch soviel sicher, dass unter dem »Don Enric« der Prinz Heinrich von Castilien, der Bruder des Königs Alfons X. von Castilien (1252—84) zu verstehen ist, derselbe Heinrich, der seine Jugend als Abenteurer unter den Sarazenen in Tunis zubrachte und später als Bundesgenosse Konradin's mit diesem in der Schlacht bei Scurcola (1268) gefangen genommen wurde. Dass unser Dichter dieser Zeit angehört, geht aus dem Gedichte: »Ar es ben dretz que valha mos chantars« gleichfalls hervor; in diesem wird (Cobla 4) der König Manfred als erwählter Regent bezeichnet; dieser liess sich 1258 auf dringenden Wunsch des Volkes von den Grossen des Reiches zum König (von Neapel und Sicilien) ausrufen.

Von den beiden Gedichten Garin's d'Apchier stimmt das eine (Nr. 8) auch hinsichtlich der Reimreihe *(or, ir, ia, ic)* mit den bisher besprochenen vollständig überein; von diesem Gedicht druckt Raynouard, Choix V, 449 (nach welcher Handschrift?) eine in D nicht erhaltene Cobla teilweise ab, die mit Peire Vidal's Lied, speciell dessen erster Cobla, in naher Beziehung steht; wir haben es hier nämlich wiederum mit einer »Parodie« zu thun (vgl. Seite 33). Nr. 7 dieses Dichters hat eine (teilweise) andere Reimreihe, nämlich: *es, ir, ia, os*. Auch dieser Dichter gehört der späteren Zeit an; das bezeugen auch die durchgängig auf -*as* auslautenden 2. pers. plur. der Verben der *a*-Conjugation; in Gedicht Nr. 2 sind sie mit regelrecht gebildeten Reimen auf -*as* gebunden (vgl. über diese Erweichung des auslautenden -*tz* in -*s* Bartsch, Einleitung zur Sancta Agnes, Seite XV). Beide Gedichte sind an »Veills Comunals« gerichtet, worunter wahrscheinlich Torcafol verstanden ist. Da eine Auseinandersetzung dieses Verhältnisses ein genaues Eingehen auf die übrigen, zum grössten Teil sehr entstellt und unvollständig überlieferten Gedichte dieser beiden Dichter erfordert, so darf ich wol hier davon Abstand nehmen.

Das zweite der oben angeführten Lieder Peire Vidal's, Nr. 40 (Canz.: 7 C. 4 Torn.) hat die Form $a'b'a'b'ccb$ (10 S).
oira, ansa, os.

denselben strophischen Bau zeigen noch: Peire Cardenal 24 (Sirv.: 5 Cobl. 1 Torn.). Uc de S. Circ 5 (2 Coblen). Uc de S. Circ 22 (Canz.: 2 Cobl. 1 Torn.). Palais 3 (1 Cobla). Lanza Marq. 1 (P. Vidal 19) (Sirv.: 3 Cobl.). Guill. Montaign. 5 (Sirv.: 5 Cobl. 2 Torn. 461, 79. 1 Cobla).

Peire Vidal 40 ist an Vierna, die Gemahlin des Vizgrafen Barral gerichtet. Es muss nach seiner Rückkehr nach Frankreich entstanden sein (cf. Diez, a. a. o. pag. 164. — Bartsch, Peire Vidal's Lieder, Einleitung pag. 18 und 29). In derselben Form und denselben Reimsilben ist das Schmähgedicht des italienischen Marques Lanza auf Peire Vidal verfasst. Wegen der dem Gedichte zu Grunde liegenden Begebenheiten verweise ich auf Bartsch, Einleitung zu P. Vidal's Liedern, S. 17. Merkwürdig ist, dass Peire Vidals Erwiderung, die dem poetischen Gebrauch gemäss, dieselben Reimsilben benutzte, sich auf eine einzige Cobla beschränkt, während der Marquis in zwei Coblen ihn verhöhnt. In inhaltlicher Beziehung schliesst sich an diese Erwiderung Peire Vidal's eng an eine unter dem Namen des Troubadors Palais (B. G. 315, 3) überlieferte Cobla. In seiner Entgegnung sagt Peire Vidal: »Vos etz com l'orbs qui piss' en la carreira«; Palais 3: »mas atressi com l'orbs qui peiras lansa«. — Peire Vidal 19, 8 »que peiras non lansa« Palais 3, 4: »qui peiras lansa.« An Peire Vidal hat sich dann auch Peire Cardenal in seinem Sirventes angelehnt, dessen Abfassungszeit sich aus Mangel an individuellen Zügen nicht bestimmen lässt; es ist ein Rügelied gegen die Habsucht, Schwelgerei und Gottlosigkeit der Welt; nur »der sei tugendhaft, welcher Liebe und inniges Vertrauen zu Gott besitze.«

Die beiden Gedichte von Uc de San Circ sind nicht vollständig erhalten; von Nr. 5 sind 2 Coblen erhalten, von Nr. 22 2 Coblen und eine Tornada). Keins von ihnen bietet einen sichern Anhaltspunkt zur näheren Bestimmung. Bezüglich der noch übrigen Gedichte, die sowol hinsichtlich des Metrums als der Reimreihe von den bisher besprochenen ausweichen, können wir uns kurz fassen. Das Reim- und Silbenschema von Guillem Mont. 5 lässt sich durch diese Figur darstellen:

$$a'_7\ b'_8\ a'_7\ b'_8\ c'_7\ c'_7\ b'_8$$
eia, ensa, eia, ensa, ers, ers, ensa:

Diez hat a. a. o. S. 577 nachgewiesen, dass das Gedicht auf Grund der historischen Anspielungen nach 1249 entstanden sein mus.

Das anonyme Gedicht endlich (B. G. 461, 79), eine einzelne, in $GQTf$ (anonym GQ, Peire Card. f, unter Liedern von ihm T) erhaltene Cobla, ist in 8-Silblern und den Reimsilben *eu, ai, on* abgefasst; es bezieht sich auf André de France (vgl. G. Paris, Romania), der für thöricht gehalten wird, weil er den Tod gesucht habe. P. Meyer, les dern. troub. de la Prov. pag. 67, Anm. 3 emendirt in der Weise, dass sich die Form: $aaabccb$ herausstellt, indem er die zweite Zeile ebenfalls auf -*eu* reimen lässt; jedoch bietet die Handschrift G, die durch Q unterstützt wird, offenbar mit der Reimfolge: *eu, ai, eu, ai, on, on, ai* das Richtige.

Peire Vidal 4 (Canzone: 7 Cobl. 2 Torn.) endlich, der Formel $abbaccdd$ (10 S.) entsprechend gebaut, schliessen sich folgende Lieder an: Bertran Carbonel 83 und 75 (2 Sprüche). Duran, sartre de Carpentras 1 (Sirv.: 5 Cobl. 1 Torn.). 461, 130 (1 Cobla). Peire Cardenal 16 (Sirv.: 5 Cobl. 1 Torn.). Peire Pelissier 1 (Sirv.: 2 Cobl.). Peire Cardenal 37 (Sirv.: 8 Cobl. 1 Torn.) Uc de l'Escura 1.

Bevor wir in die eigentliche Untersuchung dieser Gruppe eintreten, müssen wir uns zunächst mit der handschriftlichen Attribution von P. Card. 37 einerseits und Duran Sartre 1 andererseits abfinden. Das B. G. 335, 37 aufgeführte Gedicht: »Mon chantar voill retrair' al comunal« gehört nach den Handschriften C und R Raimon de Castelnou und findet sich anonym in f, während D^bMT es unter P. Cardenal's Namen überliefern. Nun bemerkt Groeber in seiner Untersuchung über die provenzalischen Liederhandschriften, pag. 664 zu diesem Gedichte: »wol Raimon de Castelnou gehörig«. Es ist jedoch aus folgenden Gründen angebracht, der von Bartsch (B. G. 335, 37) eingeführten Attribution zuzustimmen. Zunächst zwingt uns die handschriftliche Ueberlieferung keineswegs, das Gedicht Raimon de Castelnou zuzuweisen, da nur zwei Handschriften, C und R, die ausserdem noch denselben Typus darstellen, es unter seinem Namen bieten. Zu einer endgültigen Entscheidung führt aber die Prüfung des Gedichts nach der formellen und inhaltlichen Seite. Die Gedichte Raimon's de Castelnou, die sämmtlich nur in C erhalten sind und, bis auf Nr. 5, noch dazu von Creg. Imbert de Castelnou beigelegt werden, weisen folgende Strophenformen auf:

$a_8 a_8 b_8 b_8 c'_8 b_8 b_8 c'_8$ 2. (*o, o, ens, ens, aire, ens, ens, aire*)
$a, b, a, b, c'_8 c'_8 d_{10} d_{10}$ 3. (*or, e, or, e, ensa, ensa, ay, ay*)
$abbaccdd$ (7 S.) 1. (*atz, or, or, atz, o, o, ieus, ieus*)
$abbc'c'dd'$ (7 S.) 5. (*au, ar, ar, ia, ia, oja, oja*) *joja, croja*
                                                                 Refrainreime.
$abbc'dd$ (7 S.) 4. (*ier, an, an, enha, on, on*).

Es ist also die dem streitigen Gedicht eigene Form — $abbaccdd$ — wohl vertreten (durch Nr. 1) bei Raim. de Casteln.; aber das dem ersteren zu Grunde liegende Versmass (der 10-Silbler) findet sich bei letzterem nur in Gedicht Nr. 3 mit anderen Versarten (7- und 6-Silblern) gemischt. Ferner ist hervorzuheben, dass Raimon's de Castelnou sämmtliche 5 Gedichte der Gattung der Canzonen angehören, unser Gedicht aber ein Sirventes ist, und dass ferner von Peire Cardenal nicht allein mehrere andere vollkommen gesicherte Sirventese, in denen er dasselbe Thema, wie im vorliegenden, behandelt, vorhanden sind, sondern auch ein zweites Sirventes, das allerdings nur in C erhalten ist, an dessen Echtheit zu zweifeln jedoch kein Grund vorliegt, dieselben Reimsilben und dasselbe Versmass aufweist (B. G. 335, 16).

Ueberhaupt stimmt der Ton des Ganzen vortrefflich zu dem seiner übrigen Sirventese; von wörtlichen Anklängen an Stellen in P. Card.'s Sirventesen hebe ich folgende hervor:

Cobla 7, 8: »ayssel senhor quens formet de nien« (ähnlich

P. Card. 27, Cobla 69. — P. Card. 67, 3. — Peire Card. 55, 4).
Cobla 4, 6: »Ben tenc per folh« (vgl. P. Card. 11, 1. — P. Card. 40, 1)
Cobla 2 (vgl. Cobla 2 v. P. Card. 31)
Cobla 4: »monge nier« (vgl. P. Card. 64, letzte Cobla)
Cobla 5, 2: »ni legistas per tort a mantenir« (vgl. P. Card. 60, 3)
Auf Grund dieser Erwägungen schreibe ich das Gedicht Peire Card. zu.

Schwieriger ist die Entscheidung bezüglich Duran sartre de Carpentras 1; hier stehen sich zwei Handschriften gegenüber, von denen *C* das Gedicht dem obigen Dichter, *M* dem Peire Bremon beilegt. Da jedoch keine bestimmten Kriterien es für Peire Bremon in Anspruch zu nehmen zwingen, so können wir an der von Bartsch getroffenen Entscheidung wohl festhalten. Der Umstand, dass in diesem Gedichte — es ist ein Sirventes — mehrere Personen (Seinhor del Tor, mieg prince, Raimonet) namhaft gemacht werden, möchte gegen die Autorschaft P. Bremons's, der dies nicht liebte, in die Wagschale fallen.

Ueber die einzelnen Gedichte selbst genügen wenige Bemerkungen; sämmtlichen liegt die Reimreihe: *al, ir, ir, al, ieu, ieu, en, en* zu Grunde. Das Gedicht Uc's de l'Escura beginnt mit der Bemerkung, »er brauche in Bezug auf das Dichten weder Peire Vidal, noch Albertet etc. zu fürchten«. Diese Bemerkung hat doch nur dann einen Sinn, wenn dem Dichter Erzeugnisse Peire Vidal's überhaupt bekannt waren. Das Gedicht Peire Vidal's, welches dieselbe strophische Form und die nämliche Reimreihe zeigt, hat Bartsch, a. a. O. pag. 33 auf Grund der historischen Anspielung in der ersten Tornada nach 1187 gesetzt. Es ist demnach seine Priorität gegenüber sämmtlichen übrigen Gedichten sicher. Auf die Erwähnung von Peire Vidal, Albertet, Perdigo, Aimeric de Pegulhan, Arnaut Romieu, Fonsalada, Pelardit und Gulaubet in der ersten Cobla des Gedichtes von Uc de l'Escura will ich nicht weiter Gewicht legen; die Annahme, dass zur Zeit der Abfassung unseres Gedichts diese Trobadors und Joglars noch gelebt haben, ist nicht unbedingt erforderlich. Cobla 3 enthält aber folgende historische Anspielung: »Aissi quol fait del rey emperial De Castella val mais ses tot mentir Que de nulh rey qu' hom puesc el mon chauzir Son sirventes qu'ieu fas pus natural....« Dies lässt sich füglich auf Alfons VIII. (El Noble) von Castilien (1158—1214) deuten, der unter seinen Zeitgenossen in hohem Ansehen stand; und zwar möchte unter der That des kaiserlichen Königs die Schlacht bei Navas de Tolosa zu verstehen sein, in der er nach Angabe der »Art de vérifier les dates« VI, 551 f. die Mauren unter Mehemed En-nâsir gänzlich besiegte. Diese Schlacht fand statt am 16. Juli 1212 (Schirrmacher, Geschichte von Spanien, pag. 301 f.).

Die beiden Sirventese Peire Cardenal's sind ebenfalls durch Peire Vidal's Lied formell beeinflusst. Nr. 16 bietet zur Bestimmung der Abfassungszeit keinen Anhaltspunkt. Nr. 37 möchte nach 1227 entstanden sein; in Cobla 8 heisst es: »Von allen Königen hält man den König Alfons für den tüchtigsten, von den Grafen den von Rodes, von den Prälaten den von Memde, und unter den Rittern dessen Bruder.« Unter dem Könige wird man Alfons IX. von Leon (1188—1229) zu verstehen haben, unter dem Grafen von Rodes Hugo IV. (1227—74), demnach wäre das Sirventes zwischen 1227 und 1229 verfasst.

Ueber die Tenzone Peire Pelissier's mit dem Dalfin d'Alvergne hat Diez, pag. 111 das Nötige angemerkt.

Die Form der beiden Sprüche Bertran Carbonel's ist wieder Peire Cardenal entlehnt. [11])

Auch Gaucelm Faidit hat unserem Dichter zu wiederholten Malen als Vorbild gedient. Da dieser ein Zeitgenosse von ihm war, so ist zur Entscheidung bei diesen Gedichten eine chronologische Bestimmung erforderlich. Ich beginne mit zwei Gedichten, deren Strophenform dem folgenden Schema entspricht:

$a_5\ a_6\ b'_6\ a_5\ a_5\ a_6\ b'_6\ a_5\ c_6\ c_6\ d'_6\ c_5\ c_6\ d'_6\ c_5\ c_6$

es sind: Gaucelm Faidit 32 (Canz. 6 C. 1 Torn.) und Peire Cardenal 32 (Sirv. 5 C. 2 Torn.). [Fast dieselbe Form hat noch ein anderes Gedicht Gauc. Faidit's (B. G. 167, 9):

$a_\bullet\ a_\bullet\ b'_\bullet\ a_s\ a_\bullet\ a_\bullet\ b'_\bullet\ a_s\ c_\bullet\ c_\bullet\ d'_s\ c_s\ c_\bullet\ d'_\bullet\ c_s\ d'_\bullet$.]

Schon die durch das vorstehende Schema angedeutete Uebereinstimmung lässt den Gedanken an Unabhängigkeit der beiden Dichter von einander nicht aufkommen. Hierzu kommt noch, dass bei beiden Gedichten dieselbe Art der Reim- bezw. Coblenverknüpfung sich zeigt, und zwar so, dass in Cobla 2. 4. 6 der Reim c an die Stelle von a, der Reim d an die Stelle von b tritt; durchgeführt ist diese Künstelei nur bei Gauc. Faid 32, während bei P. Card. eine 6. Cobla, entsprechend Cobla 2 und 4, fehlt. Das Gedicht Gaucelm Faidit's ist eine Canzone voll überschwänglichen Lobes auf seine Geliebte Maria (Tornada, Zeile 3), worunter die Vizgräfin von Ventadorn [12]) zu verstehen ist.

Damit ist, selbst wenn wir mit Rob. Meyer pag. 28 das Verhältniss des Dichters mit dieser Dame in die Jahre 1191—1204 setzen wollten, die Priorität Gauc. Faidits vor P. C. gewiss und für das Gedicht selbst ebenfalls ein Anhaltspunkt bezüglich der Fixirung geboten (s. Meyer p. 38).

Auch das Sirventes Peire Cardenal's lässt sich einem bestimmten Jahre zuweisen. In der Tornada sagt der Dichter: »Toloza, quan m'albire Vostre fag valen E vostre parlar gen Autras ciutatz azire De bel captenemen«. Dies lässt sich am besten auf die Ereignisse des Jahres 1217 beziehen. Kurz vorher war Simon von Montfort in Toulouse von den Bürgern dieser Stadt in Folge seiner fortwährenden Erpressungen hart bedrängt worden; doch wusste er sich noch mit List aus der Schlinge zu ziehen; im Jahre 1217 kehrte dann aber Raimund in seine Hauptstadt zurück und wurde von den Bürgern kräftig unterstützt. Das ganze Gedicht zieht gegen die Schandthaten zu Felde, die Simon von Montfort († 1218) im Dienste des Papstes von 1209 an begangen hatte; vor allen Dingen möchte die 4. Cobla ihm gelten, in der es heisst, »er empfände keine Reue über sein Rauben während des ganzen Jahres, sondern denke immer an eine neue Besitzung, die er mit List zu Grunde richten könne«.

Ferner ist die Form von Gaucelm Faidit 56 (Canz. 6 Cobl. 2 Torn.) von Peire Card. benutzt, und zwar in dessen 51. Liede (Sirv. 5 Cobl. 2 Torn.); dieselbe Form liegt zu Grunde: Uc de S. Circ. 29 und 461, 74 (je eine Cobla), wozu auch Uc de San Circ. 31 (1 Cobla) gehören soll (nach Groeber's Untersuchung in Roman. Studien II, pag 665), Bertran Carbonel 63 (Spruch), Bertran Carbonel 82 (Spruch) 461, 123ª (eine Cobla). Die Strophen dieser Gedichte sind nach folgendem Schema aufgebaut: $a_8\ b_8\ a_8\ b_8\ b_8\ c'_8\ c'_8\ c'_8\ d_{10}\ d_{10}$. Hierzu kommt noch in der 9. Zeile ein Binnenreim auf -*en*. Dies hat zur Folge gehabt, dass bei zwei Gedichten: Gauc. Faidit 56 und 461, 123ª die Handschriften einen selbständigen Vers daraus gemacht haben, so dass hierfür folgendes Silbenschema anzusetzen ist: 8 8 8 8 8 8' 8' 4' 4 10 10. Für die musikalische Begleitung war diese Aenderung jedenfalls unwesentlich, da in beiden Fällen an dieser Stelle sicherlich eine Pause eintrat.

Die Erfindung der Form kommt auch hier Gaucelm Faidit zu gute. Die Canzone richtet sich an seine Geliebte Maria, die er um Vergebung anfleht. Sie ist vor dem Frühjahr 1202 entstanden; in diesem Jahre übernahm Bonifaz von Montferrat, unseres Troubadours Gönner, den er in der Tornada »Schatz von Montferrat« nennt, die Führung eines neuen Kreuzzuges, dem auch der Dichter sich anschloss, obgleich er nicht zugleich mit seinem Gönner aufbrach (cf. Diez, Leben und Werke, pag. 369 f., Meyer, pag. 44). Diesem Gedichte ist die Form zu Peire Cardenal 51 entlehnt, denn an Uc de San Circ als sein Vorbild wird man schwerlich denken können. Des letzteren zwei Lieder, welche unsere Strophenform aufweisen, sind in entstellter Gestalt nur in der Handschrift P erhalten. Groeber a. a. O. p. 665 zieht die beiden (bei Bartsch, Grundriss getrennten) Coblen (457, 29 und 457, 31) zusammen und rechnet dahin auch die anonym überlieferte Cobla (B. G. 461, 74). Es lässt sich allerdings nicht leugnen, dass zunächst 461, 74 auf Grund der Reimreihe (*er, on, en, as*) sich gut mit 457, 29 combiniren lässt; nur fehlt der charakteristische Binnenreim in der zweitletzten Zeile bei 461, 74. Dagegen bietet 457, 31 theilweise andere Reime (*er, an, ire, en*); und nach der vielleicht fehlerhaften Ueberlieferung von P folgende Strophenform: *a b a b c d d d d*; es fehlt also eine Zeile und auch der Binnenreim. In beiden Coblen findet sich derselbe Gedanke; 457, 29: Aus Niedrigkeit und Gleichgültigkeit und aus **Furcht vor Hunger, Durst und Mühsalen** habe ich manche edle Thaten unterbleiben sehen. 457, 31: Wer Land und Ehre erwerben will, muss früh und spät **Hunger und Durst und Sorge und Mühe** erdulden. (cf. Birch-Hirschfeld pag. 65; Suchier, Quelle des Ulrich v. d. Türlin S. 32, Anm. 2; Bertr. de B. 13, 13 und Stimming's Anm. dazu). Trotzdem verbietet uns der verschiedene Bau dieser beiden Coblen, sie als zusammengehörig zu betrachten. Es sind Coblen zweier verschiedener Gedichte Uc's verwandten Inhalts, deren übrige Coblen, wie vielfach bei diesem Trobador, nicht erhalten sind. Die in I anonym überlieferte Cobla (461, 123ª) schliesst sich metrisch eng an die Canzone Gaucelm Faidit's an, indem auch hier die zweitletzte Zeile in zwei kürzeren Zeilen von je vier Silben überliefert ist. Weitere inhaltliche Berührungspunkte sind jedoch nicht vorhanden. Für die beiden Sprüche Bertran Carbonel's wird man wieder Peire Cardenal als Vorbild anzusetzen haben.

Endlich kommt noch für Peire Cardenal Gaucelm Faidit 15 (6 C. 1 Torn.) in Betracht. Die Form

a b′ b′ a a c d′ d′ c c (10 S.)

liegt ausser Peire Cardenal 26 (Sirv.: 5 C. 1 Torn.) noch zu Grunde: Blacasset 8 (1 Cobla), Cadenet 24 (2 Cobl. 1 Torn.), Cadenet 13, Lanfranc Cigala 23, Marques 2 (Tenz.), Sordel 16 (1 Cobl. 1 Torn.), Ralmenz (1 Cobla), 461, 76 (1 Cobla), 461, 135 (1 Cobla). Sämmtlichen Gedichten liegt die Reimreihe: *atz, ia, ors, egna* zu Grunde. Die Erfindung der Form kommt auch hier sicherlich Gaucelm Faidit zu. Die Entstehungszeit von Gaucelm's Gedicht ist das Jahr 1201 oder wahrscheinlicher 1202 (Diez a. a. O. 370, Meyer 42); von den übrigen Gedichten ist aber keines in eine so frühe Zeit zu versetzen. Als die spätesten haben wir zunächst Marques 2 und Ralmenz Bistorz d'Arle 3 zu betrachten. Das erstere ist eine Tenzone mit Guiraut Riquier und gehört auf Grund dieses Umstandes der 2. Hälfte des 13. Jahrhunderts an. Von dem Gedicht von Ralmenz ist uns in F und P nur eine einzige Cobla erhalten, welche sich durch die abwechselnde Wiederholung von »agues eu« und »vos aguetz« in den ersten 7 Zeilen auszeichnet. Seine übrigen Gedichte sind an Constanze von Este [19]) gerichtet, die in Gedicht 1, 2 und 5 ausdrücklich genannt, in 4 ebenfalls gemeint sein wird. Sordel 16, in F und P erhalten, besteht aus einer Cobla und 1 Torn., in der der Dichter seinem Schwanken zwischen »dolsor« und »amar« Ausdruck giebt, und enthält keine Anspielung auf Personen oder historische Ereignisse. Ueber die beiden anonym überlieferten Coblen: 461, 76 und 461, 135 können wir uns kurz fassen; in der ersteren werden 5 gute Sitten aufgeführt, durch welche man Ehre erlangen könne; die andere bildet wahrscheinlich den Anfang eines Gedichtes, dessen übrige Coblen verloren gegangen sind. Der Anfang erinnert sehr an Cobla 5 Z. 1 von Arn. de Mar. 3 (B. G. 30, 3). »Soven m'avan la noit quan sui colcaz«. Von den beiden Gedichten Cadenet's ist nur, wie es scheint, No. 13 vollständig überliefert. Es ist wahrscheinlich früher als No. 24 entstanden, das vermutlich zu einer Zeit gedichtet ist, in der Blacatz († 1236), dem Cadenet einen ehrlichen Rath geben möchte, bevor er aus der Welt geschieden wäre (Cobla 1), schon ziemlich bejahrt war. No. 13 ist wahrscheinlich um das Jahr 1220 entstanden; ich begründe diese Datirung mit Folgendem. In Cobla 3 sagt der Dichter: »Viel Böses habe ich sagen hören von dem Markgrafen von Montferrat, von Blacatz und von Raimon Agoult«. Gegen den ersteren (Wilhelm IV. von

Montferrat) hat sich Folquet de Romans in einem Sirventes (B. G. 156, 14) tadelnd ausgesprochen, das von Diez a. a. O. pag. 561 auf Grund der historischen Anspielungen früher als 1220 angesetzt wird. Diesen speciellen Vorwurf mag unser Troubadour im Auge gehabt haben; unser Sirventes möchte demnach dieser Zeit zuzuweisen sein.

Lanfr. Cigala 23 ist ein Kreuzlied, und nach Diez pag. 570 vor dem Jahre 1248 entstanden. Blacasset 8, wovon in H eine Cobla erhalten ist, weist durch die Erwähnung Bertran's d'Alamanon auf eine späte Zeit hin; denn dieser lebte unter der Regierung Raimon Berengar IV. und Karl I. von Anjou; der erstere von 1209—45, der letztere von 1246—84 (Diez 579). Bezüglich Peire Cardenal's Sirventes müssen wir wiederum, wie in den meisten Fällen, auf eine Bestimmung der Abfassungszeit verzichten. Es ist aber die Entlehnung auch in diesem Falle nicht mehr zweifelhaft. Als Vorbild hat wahrscheinlich das Lied Gaucelm Faidit's gedient, da den übrigen Dichtern keine Originalität im Erfinden neuer Formen beizumessen ist, und ferner die meisten davon in der chronologischen Ordnung nach Peire Cardenal folgen [14]).

Guiraut de Borneill wurde schon von Bertran de Born (S. 21) für würdig der Nachahmung gehalten; auch Peire Cardenal hat seine Strophenformen benutzt; und das nicht ohne Grund; übertrifft er doch alle andern Trobadors an Reichhaltigkeit und Originalität des Strophenbaues. Peire Cardenal hat in zwei Fällen die Form seiner Gedichte von ihm entlehnt; zunächst eine ganz einfache Form, die sich durch das Reimschema $a\ b\ a\ b\ b\ a\ b\ a$ darstellen lässt. Folgende Gedichte haben diese Form: Guir. de Born. 77 (Sirv.: 5 Cobl. 2 Torn.), Peirol 19 (Canz.: 6 Cobl. 1 Torn.), P. Card. 29 (Sirv.: 5 Cobl. 1 Torn.), Raim. Mirav. 1 (Sirv.: 6 Cobl.), Peirol 26 (Canz.: 6 Cobl. 1 Torn.), Guill. de la Tor 10 (3 Cobl.), Arn. Daniel 16

(Canz.: 7 Cobl. 1 Torn.), Guill. de Biarn (Canz.: 6 Cobl.), 461, 56 (Tenz.: 6 Cobl. 2 Torn.), 461, 107 (Planctus: 8 Cobl. 1 Torn.). Von diesen treten zunächst folgende auf Grund gleichen Silbenschemas — 7', 7, 7', 7, 8, 7', 7, 6' — in engere Beziehung: Guir. de Born. 77, Peirol 19, Raim. Mirav. 1, Guill. de la Tor 1 und P. Card. 29. Für das letztere Gedicht lässt sich die metrische Uebereinstimmung mit den übrigen allerdings nur vermuthen, und zwar machen die 8-Silbler in Cobla 5, 5 und Torn. 1, sowie die 6-Silbler in Cobla 5, 8 und Torn. 4, es mehr als wahrscheinlich, dass auch an den correspondirenden Stellen der übrigen Coblen ursprünglich 8- bezw. 6-Silbler vorhanden waren, die der Herausgeber — es stand mir nur der nach Rayn. abgedruckte Text von Mahn (Werke) zu Gebote — in 7-Silbler zu verbessern für nöthig gehalten hat. Das Vorbild für P. Card. 29 ist — um zunächst diesen Punkt zu erledigen — Guir. de Born. 77 gewesen. Mit diesem zeigt P. Card. die auffälligsten metrischen und formellen Berührungspunkte, zunächst gleiche Reime *(ona, en)*, die in allen Coblen beibehalten werden, dann aber sogar wörtl. Anklänge, z. B: tals a´(bei Guir. de Born. in jeder Cobla, mit Ausnahme der letzten), 4 mal am Versanfang — tals a P. Card. 4, 1 »tals port humil vestimen« G. de Born. 1, 7 »e porta blanc vestimen« P. C. 4, 2. »qu'a volontat fellona« G. de Born. 1, 2 »quil volontatz es fellona« P. C. 4, 3. Für G. de Born. 77, welches nur in P erhalten ist, möchte ich auf Grund des Inhalts von Cobla 5 die Jahre 1187 und 1189 als chronologische Grenzen ansetzen.

In dieser Zeit kann von den übrigen Gedichten nur Peirol 19 entstanden sein, eine Canzone, deren Abfassungszeit nicht näher zu bestimmen ist [15]). Ebenso wenig ist dies möglich bei dem andern Gedicht Peirol's (B. G. 366, 26), welches unsere Form zeigt, aber metrisch vollständig ausweicht (7', 4, 7', 4, 7, 5', 7, 5'). Eine direkte Beziehung zwischen G. de Born. und Peirol scheint mir jedoch unwahrscheinlich. Dagegen kann Raim. Mirav. 1 sehr wohl in näherer Beziehung zu dem einen oder andern dieser Gedichte stehen, da die Erwähnung verschiedener Personen, als Peire Rogier de Carcassonne, Olivier de Saissac, Bertran de Saissac auf das erste Viertel des 13. Jahrhunderts hinweist (vgl. Appel pag. 3 und pag. 4 Anm., Biogr. v. Raim. de Miraval Mahn Biogr. No. 104). Auch Guill. de la Tor. 10 wird wohl schwerlich unabhängig von den übrigen Gedichten entstanden sein; Guillem's poetische Laufbahn fällt in die Zeit Sordel's, mit dem er eine Tenzone wechselte (B. G. 236,12), in einem seiner Gedichte (236, 3) kommt ein Markgraf von Este vor, wahrscheinlich Azzo VII. (1212—64), in einem andern (236, 2) eine Johanna d'Este, über die ich weder bei Muratori, Antichità Estensi, noch bei Pigna, Historia dei principi di Este mir habe Aufschluss verschaffen können; mit der Johanna d'Este, die bei Bern. de Vent. (Diez 33 f.) vorkommt, wird sie jedoch schwerlich identisch sein.

P. Card. 29 erwähnt im Eingange eines Erzbischofs von Toulouse; ich möchte auf Arnaud (1212—25, Hist. de Lang. V, 184, 293, 333 f.) vermuthen; dies würde auch zeitlich zu dem »caitiu dolen ab renda gran e bona« (Cobla 2, 1 f.), das man in Verbindung mit »traïtor sobre saben« (Torn. Zl. 1) wohl auf Balduin von Toulouse deuten könnte, stimmen (Diez 457).

Arn. Dan. 16, in welchem weibliche 4- mit männlichen 6-Silblern nach Massgabe des folgenden Schemas abwechseln: 4', 6, 4', 6, 6, 4', 6, 4' und rimas caras auftreten, tritt schon auf Grund des letzteren Umstandes aus der Reihe der übrigen Gedichte, wenn Arnaut's bekannte Meisterschaft in künstlicher Reimbildung (Canello pag. 4 und pag. 18 f.) überhaupt den Gedanken an Aneignung fremder Formen seinerseits aufkommen liesse. Diese Form nachzuahmen, zugleich unter Beobachtung derselben Reime, die sich von Cobla zu Cobla erneuern, möchte für die meisten Trobadors etwas schwierig sein. 461, 56 ist eine Tenz. zwischen Donzela und Domna, ebenfalls mit Reimwechsel von Cobla zu Cobla.

461, 107 ist ein Planctus auf die heil. Maria. Bei beiden anonymen Gedichten ist die Fühlung mit der ursprünglichen Strophenform nicht mehr vorhanden, in jenem sind sämmtliche

Verse 10-Silbler, in diesem 8-Silbler. Eine, vielleicht dem Zufall zuzuschreibende Aehnlichkeit besteht nur in dem Wechsel von männlichen und weiblichen Reimen, bei dem einen mit Reimwechsel alle zwei Coblen, bei dem andern ohne denselben.

Am engsten hat sich von diesen offenbar der spätern Zeit angehörigen Gedichten an die ursprüngliche Form das einzige von Guillem de Bearn erhaltene Lied angeschlossen, welches dadurch besonders interessant wird, dass in sämmtlichen Coblen die nämlichen Reimworte, die ausserdem noch unter sich in einem grammatischen Verhältnis stehen, zur Anwendung gelangen, nämlich:

$$a' \quad b \quad c' \quad d \quad d' \quad c \quad b' \quad a$$
prendre, vist, estendre, conquist, conquista, mien, vista, pres

und zwar geschieht die Ablösung in den einzelnen Coblen nach folgendem Schema:

$$a' \ b \ c' \ d \ d' \ c \ b' \ a - 1.\ 2$$
$$b' \ a \ d' \ c \ c' \ d \ a' \ b - 3.\ 4$$
$$c' \ d \ a' \ b \ b' \ a \ d' \ c - 5.\ 6$$

Zu den von Appel, Peire Rogier S. 19 f. namhaft gemachten Beispielen dieser Künstelei, die ziemlich selten vorkommt, füge ich noch Elias Fonsalada 2:

$$a \ a' \ b \ b' \ c \ c' \ d \ d' \ e \ e' \ f \ f' \quad 1$$
$$b \ b' \ c \ c' \ d \ d' \ e \ e' \ f \ f \ a \ a' \quad 2$$

u. s. f. und Guill. Peire de Cazals 3 hinzu und betrachte die bekannten 3 Sextinen von Arn. Daniel, Bert. Zorgi und Guill. de S. Gregori als eine weitere Ausbildung dieser Reimspielerei, deren Eigentümlichkeit darin besteht, dass »sechs Reimwörter in bestimmter Folge durch sechs Strophen sich ablösen und eine Runde bilden« (Bartsch, Grundriss § 28, 1). Schon vor Arn. Daniel hat Raimbaut d'Aurenga (von 1150—73) diese Künstelei verwendet; und dem ersteren steht nur das Verdienst zur Seite, sie künstlerisch ausgebildet, d. i. die Form der Sextine geschaffen zu haben.

Noch seltener aber sind Nachahmungen dieser Künstelei, abgesehen von den beiden oben erwähnten dem Arnaut Daniel nachgebildeten Sextinen ¹⁶), vgl. darüber Diez S. 553 und 556 und Stengel in einer Miscelle in der Zt. IV, 103.

Die zweite Strophenform, welche P. Card. mit Guir. de Bornelh gemeinsam hat, lässt sich durch folgendes Reimschema veranschaulichen:

$$a_{8 \atop or} \; b_{8 \atop ir} \; a_{8 \atop or} \; b_{8 \atop ir} \; c'_{6 \atop atge} \; d_{8 \atop ats} \; d_{8 \atop uts} \; c'_{6 \atop atge} \; d_{8 \atop ats} \; d_{8 \atop ats}$$

In dieser Form sind folgende Gedichte verfasst: Guir. de Bornelh 51 (Canz.: 7 C. 2 Torn.), Guir. de Bornelh 52 (Sirv.: 5 C. 2 Torn.), Folquet de Romans 11 (Sirv.: 6 Cobl. 2 Torn.), Dalfinet 1 (Halbsirv.: 3 Cobl. 1 Torn.), Guillem Fabre 1, Peire Cardenal 7 (Sirv.-Canz.: 5 C. 1 Torn.), Guir. Riquier 20 (Tenz.: 6 Cobl. 2 Torn.), Sordel 25 (5 Cobl. 1 Torn.), Bertr. Carbonel 76 (Cobla esparsa), Guill. de Saint-Gregori 1 (Kriegslied: 8 (?) Cobl. 2 Torn.; cf. Levy pag 27, B. Dkm. Anmkg. zu S. 20, 1). Das letztere Gedicht wird von den Handschriften verschiedenen Dichtern (vergl. Bartsch, Grdr. 233, 1) beigelegt, unter denen Bertran de Born der wichtigste ist. Stimming hat in seinem »Bertran de Born pag. 95 f.« die Frage nach dem Autor dieses Liedes eingehend behandelt und ist zu dem Resultat gekommen, dass das Gedicht Bertran de Born nicht zugehört. Jedoch ist seine Ansicht durch neuere Erwägungen unhaltbar geworden, und Bertran's Anrecht auf dieses Lied wird kaum noch zu bezweifeln sein (vgl. Clédat, Du rôle hist. de B. de Born. pag. 89 f.; Ders., Rom. XXX, 268; Chabaneau Rev. d. l. rom. XVI, 180; Stengel, Jen. Litztg. 1879. No. 25; Groeber, Zt. III, 314 f.; Sachs, Archiv f. d. Stud. d. n. Spr. XVII). Da in der Tornada das Gedicht an Oc e No (= Richard Löwenherz) gesandt wird, so muss es vor 1199 entstanden sein. Die weitere Anspielung »e digas li que trop estan en patz« lässt wegen ihrer Unbestimmtheit keinen Schluss auf die Entstehungszeit unseres Gedichtes zu. Demnach kommen Bertr. de Born und Guir. de Bornelh bei der Frage nach der Erfindung dieser Form in Betracht. Als Erfinder dieser Form möchte ich Guiraut de Bornelh betrachten. Zunächst bieten zwei seiner Lieder (eine Canz. und 1 Sirv.) die vorliegende Form (vgl. Chabaneau, Revue des langues romanes XVI, 180), was um so bemerkenswerther ist, als er sich in formeller Hinsicht nie wiederholt hat, wenn man nicht die drei der Form $a\ b\ b\ a\ c\ c\ d\ d$ entsprechenden Lieder (8. 43. 50), die aber noch durch die Reimreihe von einander abweichen, dahin rechnen will. Ferner scheint mir Guiraut de Bornelh geradezu seine Gewandtheit im Dichten hervorheben zu wollen, wenn er sagt: »E soi m'en pels prims esforsatz Qu'entendan quals chansos eu fatz« (Torn.) Bezüglich des zweiten Gedichtes (No. 52) können wir zwar die Entstehungszeit ungefähr fixiren, im Geleit schickt er nämlich sein Lied an den Markgrafen von Montferrat, dessen Macht so gestiegen sei, dass er zum König gekrönt werden würde; es ist Bonifaz II. gemeint, der allseitig gerühmte Gönner der Troubadours. Zwischen 1192 und 1207 liegt also die Entstehungszeit dieses Sirventeses. Demnach bleibt die Möglichkeit, dass B. de Born der Erfinder ist, immerhin bestehen. Keines der übrigen Lieder ist in diese Zeit hinauf zu versetzen. Folq. de Romans 11 [17]) zunächst lässt sich ziemlich genau bestimmen. Die Vorgeschichte des Kreuzzugs Friedrich II. (Cobla 5; vgl. Kugler 327 f.) berichtet, dass Kaiser (Cobla 6) Friedrich II., der Juli 1215 (Kugler 310, 327) zu Aachen feierlich einen Kreuzzug versprochen hatte, nach ernstlicher Ermahnung im November 1221 seitens des Papstes Honorius III. (Kugler 328) und nach Abhaltung verschiedener Versammlungen (Kugler 329 f.), auf welchen er den Termin zur Ausführung immer wieder hinauszuschieben wusste, endlich im September 1227 unter Führung des Herzogs Heinrich von Limburg eine starke Flotte mit einem Theile des Kreuzheeres nach Syrien vorausschickte und selbst einige Tage später die Fahrt antrat, aber von der Lagerseuche ergriffen, bei Otranto an's Land gehen musste (al primier passatge Zeile 18). Das Sirventes, welches ihn ermahnt, den Kreuzzug endlich kräftig anzutreten

(Cobla 5), muss demnach zwischen dem Juni 1227 und dem 28. Juni 1228, als er wirklich von Brindisi nach Syrien hinübersegelte (Kugler 334) entstanden sein (vgl. dagegen Levy in einer Anmerkg. zu IV, Zl. 18 der unechten Lieder von Guill. Fig.). Der in der Torn. genannte Oth del Carret (s. Folq. de Rom. 8 und 2) ist der Markgraf Otto von Caretto in Oberitalien, ein Anhänger des Kaisers, dessen Gebiet am Busen von Genua zwischen der Markgrafschaft Gravesana, der Markgrafschaft Ceva, Gebiet der Doria einerseits und dem Gebiet der Grimaldi andererseits liegt (vgl. Winckelmann I, 144. Anm. 3 und I, 389).

Peire Cardenal's Rügelied gegen die »Liebe« kann zwar aus Mangel an individuellen Zügen nicht näher datirt werden, ist aber zweifelsohne in formeller Beziehung entweder von Guiraut's Liedern — oder von Bertr. de Born — beeinflusst. Bemerkenswert ist in diesem Sirventes der bis zur Monotonie sich steigernde Parallelismus der Sätze; jeder Vers der drei ersten Coblen beginnt mit der Conjunktion *ni*; überhaupt ist dieses Gedicht von manchen stilistischen Eigentümlichkeiten etc. verunziert; so zeigt die 4. Cobla in jedem Verse das Verbum *vencer* oder eine davon gebildete Verbalform (vgl. in dieser Beziehung besonders Raimb. d'Aur. 1; Pons de Capduoill 27; Guir. Riq. 17); Cobla 5 und die Tornada sind mit Alliteration überladen.

Der Eingang des Spruches von Bertran Carbonel: »Qui per ben dreg se part d'amor« erinnert sehr an P. Cardenal 7, 1 und 10: »Ar mi posc eu lauzar d'amor, que partitz m' en sui ab mos datz«.

Das Gedicht von Sordel (No. 25), ebenfalls ein Sirventes, bezieht sich auf die Vorgänge des Jahres 1229 (bzw. 1230), als Raimond (Berengar) VII. von Toulouse mehrere seiner Besitzungen abtreten musste (Diez pag. 553).

Guillem Fabre 1 ist gleichfalls ein Sirventes, und zwar gegen die Gottlosigkeit und Habsucht der Welt.

Nach unserer Form dichtete Dalfinet ein sogenanntes, aus 3 Coblen bestehendes, Halbsirventes. Das Gedicht Guiraut

Riquier's endlich ist eine Tenzone mit einem Grafen von
»Astarac« und gehört, wie seine sämmtlichen Erzeugnisse, der
2. Hälfte des 13. Jahrhunderts an.

Bei den nunmehr noch zu besprechenden Gedichten wieder-
holen sich mehr oder weniger die Gesichtspunkte, die bisher
zur Geltung gekommen sind. Die Form:
$$a\ b\ b\ a\ c'\ d\ d\ c'\ e\ e\ f\ f\ (7\ S.)$$
welche P. C. 28 aufweist, ist Raimb. de Vaqueiras 18 entlehnt und findet sich ausserdem noch bei: Guir. Riquier 24,
Bertran Carbonel 7 (handschriftlich R.), Guir. del Olivier
d'Arle 44 und 73. Raimb. de Vaqueiras 18 und P. Cardenal
28 setzen durch vollständig gleiche Reimreihe engere Beziehung
ausser Zweifel:

o, ei, ei, o, ire, als, als, ire, ic, ic, ers, ers P. Card.

on, eich, eich, on, ire, als, als, ire, ic, ic, ers, ers R. de Vaq.

Die geringe Differenz in den zweiten Reimen fällt nicht in's
Gewicht; sie kann sowohl dialektischen Einflüssen beigemessen
werden, als auch einer von P. Cardenal absichtlich vorgenom-
menen Aenderung, oder auch kann sie dem Schreiber zur Last
fallen. Die Entstehungszeit des Gedichtes von Raimbaut de
Vaqueiras muss vor das Jahr 1190 fallen, da in der Tornada von
einem Kaiser Friedrich die Rede ist, unter dem, mit Rücksicht auf
Raimb. de Vaqueiras Lebenszeit (Diez pag. 263; Hopf,
Bonif. v. Montf. und Raimb. de Vaqueiras pag. 35) nur
Friedrich I. († 1190) gemeint sein kann. Die Abfassung des
Rügeliedes Peire Cardenal's fällt in eine spätere Zeit, jedenfalls
nach 1211 (de Mauzac lo barei Zeile 3; Diez pag. 110. Anm.).
Der »Comte Guio« (Zl. 1) ist vermutlich der in der Biographie
von Richard Löwenherz (Diez 104) genannte Graf Gui von
Auvergne (Sancta Fre wohl = Fredelas de St. Antoine, jetzt
Pamiers). Bertran Carb. 7, in metrischer Beziehung sich voll-
ständig diesem Gedicht anschliessend, hat eine andere Reim-

reihe eingeführt, nämlich *ansa, ir, at, or, er, ar*; es ist ein Liebeslied an eine unbekannte (d. i. nicht genannte) Dame. In derselben Form und demselben Versmass sind noch zwei Sprüche Guir.'s del Oliv. (44 und 73) verfasst, die aber unter einander bezüglich der Reimreihe divergiren.

Bei Guir. Riquier 24, der zwar, der Zeit des Verfalls angehörig, im Allgemeinen wenig neue Formen eingeführt, aber sich doch immerhin eine anerkennenswerte Selbständigkeit bewahrt hat, ist keine directe Beeinflussung seitens der übrigen Dichter erweisbar, vielmehr deutet der Umstand, dass Cobla 2 und 4 die Umkehrung zu C. 1. 3. 5 bilden, so dass sich das Schema der Strophen so gestaltet:

$$a_2\ b_2\ b_2\ a_2\ c'_2\ d_2\ d_n\ c'_2\ e_2\ e_2\ f_2\ f_2 - \text{C. 1. 3. 5.}$$
$$\underset{or,\ \ ar,\ \ ia,\ \ ort,\ \ ir,\ \ es}{f\ f\ e\ e\ c'\ d\ d\ c'\ a\ b\ b\ a} - \text{C. 2. 4}$$

auch hier auf Unabhängigkeit von seinen Vorgängern.

Mit Peire Bremon (cf. pag. 12 und 17) tritt Peire Cardenal noch ein drittes Mal in engere Berührung; die zu Grunde liegende Strophenform lässt sich durch das Schema:

$$a\ b\ b\ a\ a\ c\ c\ d\ d\ e\ e$$

darstellen; sie liegt vor in: Peire Bremon 16, Peire Card. 13, Guill. Fabre 2, Raimb. de Vaq. 19, Mönch von Mont. 2 (MG. 398. C.), Guiraut de Calanso 10 (handschriftlich), Elias Cairel 12 (Arch. 51, 245 A.), Lanfranc Cigala 9 (Arch. 33, 299 U.). Die drei erstgenannten Gedichte haben neben gleichem Versmass dieselbe Reimreihe *(en, au, ics, or, e)*, P. Card. 13 und P. Bremon 16 haben ausserdem noch an derselben Stelle der Cobla (Zeile 2) denselben Refrainreim *(aclau)* eingeführt, der bei Guill. Fabre 2 nicht durchgeführt ist; während aber P. Bremon auch noch in der 3. und 9. Zeile jeder Cobla Refrainreime bietet, dort *suau*, hier *legor*, und in der ersten Zeile jeder Cobla ein an derselben Stelle der folgenden Cobla gebundener Binnenreim auftritt — der auch bei Guill. Fabre 2 vorhanden ist — hat P. Cardenal dies nicht.

In ähnlicher Weise berühren sich El. Cairel 12 und Lanfr. Cig. 9. El. Cairel wiederholt in jeder 6. Zeile das Reimwort *platz* (einmal *desplatz*), in jeder 7. Zeile das Reimwort *(joy e) solatz* — Lanfr. Cig. 9 hat ausser diesen beiden Refrainworten, die hier im Reime der 9. (bezw. 8.) Zeile auftreten, noch 2 weitere, nämlich *chan* (1. sg. praes. ind.) in der ersten Zeile und *chan* (subst.) in der 4. Zeile jeder Cobla. Dagegen zeigt das Silbenschema keine Verwandtschaft.

El Cairel: 8, 8, 8, 4, 8, 4, 4, 8, 4, 8, 8.
os, e, e, os, os, als, als, an, an, on, on

Laufr. Cig. 7, 7, 7, 7, 3, 7', 7', 3, 7, 7, 7.
an, er, er, an, an, ansa, ansa, as, as, ui, ui.

Einen Wechsel von männlichen 4-, 6- und 10-Silbern weist Guir. Calanso 10 auf. Gleiche Silbenzahl in allen Versen bieten Mönch von Mont. 2 (10-S.) und Raimb. de Vaq. 19 (8-S.).

Diese Reichhaltigkeit des Silbenschemas erschwert den stricten Nachweis der Entlehnung auf Grund der oben angeführten Berührungspunkte. Zunächst geben Peire Cardenal 13 und P. Bremon 16 zu einer genauern Vergleichung Veranlassung. Auch hier müssen wir, gleich den früheren Fällen (Seite 13 und 17) wieder mit Wahrscheinlichkeitsgründen rechnen. P. Bremon's Gedicht ist eine Canzone, deren Gegenstand nicht genannt wird — ein Umstand, der, wie schon oben Seite 13 hervorgehoben, sowohl die nähere Datirung der meisten seiner Canzonen, als auch die Bestimmung seiner Lebenszeit erheblich erschwert. Die einzige Canzone, in der eine Dame namhaft gemacht wird (No. 4) — vgl. dagegen No. 21 — gehört wohl mit grösserem Rechte Arnaut Catalan zu, dem es die Handschriften C und R beilegen; von ihm weiss man, dass er Eleonore, die Gemahlin Jacob I. von Aragon (1213--76) zum Gegenstande seiner Huldigungen machte (Milá y Fontanals, De los trobadores en España).

Wir würden demnach auf Grund der Prüfung des Inhalts zu keiner Entscheidung über die Priorität gelangen. Berücksichtigen wir aber, dass die grössere Kunstfertigkeit unbedingt bei P. Bremon 16 vorliegt, dass ferner P. Bremon, der in dem fraglichen Gedichte 3 Refrainworte im Reime verwendet, diese Künstelei mit besonderer Vorliebe anwendet — von den 19 von ihm erhaltenen Gedichten (No. 12 gehört nicht ihm, und No. 11 ist eine Tenzone, die von Gausbert ausgeht; B. G. 171,1) nicht weniger als 6 Gedichte mit Refrainreimen ausgestattet sind, nämlich 7; 1; 2; 3; 5; 16 — so wird man sich entschieden der Ansicht zuneigen, dass Peire Cardenal, dessen Gedichte zwar auch an Künsteleien nicht gerade arm sind, der aber den Refrain ausser in diesem Gedichte nur 2 mal aufweist, und zwar in der Form eines Refrainreims in No. 17 (vgl. Seite 11) in der Form von Refrainzeilen in No. 70, in diesem Falle höchst wahrscheinlich als der Nachahmer zu betrachten ist. Daneben bleibt jedoch auch die Möglichkeit, zu berücksichtigen, dass Guill. Fabre der Erfinder der Form sein kann. Dass diese Gestalt der Strophenform nicht die ursprüngliche ist, ist allerdings nicht fraglich; die ältere Form wird diejenige sein, welche Mönch von Mont. und Raimb. de Vaq. aufweisen. Welchem von diesen Gedichten die Priorität zukommt, ist schwer zu entscheiden, für den vorliegenden Fall auch nicht von besonderer Wichtigkeit. Das Gedicht des Mönchs bietet keine Anhaltspunkte zur Entscheidung dieser Frage. Das Sirventes Raimbauts kann wenigstens annähernd fixirt werden, und zwar ist es sicherlich vor 1196 entstanden; denn unter dem am Schlusse gepriesenen König Alfons kann nur Alfons II. (1162—96) zu verstehen sein.

Bei El. Cairel 12 und Lanfr. Cigala 9 steht gleichfalls die Entlehnung ausser Zweifel; nur ist hier die Entscheidung noch viel ungewisser. Beide Gedichte sind Canzonen, und behandeln, wie aus der Bedeutung des Refrainreimes »solatz« hervorgeht, dasselbe Thema. Unter dem in der Tornada von El. Cairel 12 genannten »rei prezan de Leon« wird Alfons IX. von Leon (1188—1229) zu verstehen sein, der in gleicher Bezeichnung noch in Gedicht No. 1 vorkommt, dort zugleich mit dem Markgrafen Wilhelm IV. von Montferrat. Das Gedicht ist also schwerlich nach 1229 entstanden. Wenn demnach wohl auf

Grund der oben angeführten auffallenden Berührungspunkte Unabhängigkeit von einander ausgeschlossen ist, so müssen wir uns doch hier, da wir die Entstehungszeit von Lanfr. Cig. 9 aus Mangel an persönlichen oder historischen Anspielungen nicht bestimmen können, damit begnügen, die beiden Gedichte als jedenfalls mit einander in engerer Beziehung stehend, anzusehen; auffallend bleibt immerhin, dass das Silbenschema der Strophen ein verschiedenes ist. Guir. Calanso 10 weist keine bemerkenswerten formellen Eigentümlichkeiten auf.

Unter der folgenden Reihe von Gedichten, deren strophischer Bau sich durch das Reimschema *a b b a a c c* wiedergeben lässt, nämlich: Uc de S. Circ 39 (2 Coblen), Bernart Marti 5 (handschriftlich), Peirol 5 a (5 Cobl.), Bern. de la Barta 4 461, 235 (handschriftlich), Peire Card. 34, Sordel 29 (Sirv.: 5 Cobl. 2 Torn.), Arn. de Maroill 3, Folq. de Mars. 17, Peirol 28, Aim. de Peg. 27 (Canz.: 5 Cobl. 2 Torn.) lassen sich auf Grund gleicher Reimreihe folgende Gruppen bilden:

1) *ats, en, an:* P. Card. 34—461, 235 — Sordel 29 — Arn. de Mar. 3.

2) *ura, en, es:* Uc de S. Circ 39 — Peirol 5 — Bern. de la Barta 4 (vgl. noch P. Card. 59, Cobla 1 und 2 s. oben pag. 7).

3) *en, ors, an:* Peirol 28 — Aim. de Peg. 27. Isolirt stehen: Folq. de Mars. 17 (Reimwechsel alle zwei Coblen) und Bern. Marti 5 *(ia, or, its)*.

Auch hinsichtlich des Versmasses sind Gruppen zu unterscheiden: Die unter 1) verzeichneten Gedichte sind in 10-Silbern, ebenso die unter 3) und Folq. de Mars. 17. Die unter 2) aufgeführten zeigen eine Mischung von 10-, 7- und 8-Silbern, und zwar nach dem Schema 10′ | 10 | 10′ | 10′ | 7 | 8 | 8. Isolirt steht auch in dieser Beziehung Bern. Marti 5.

Hier ist es geboten, die verschiedenen Gruppen einzeln zu untersuchen. Um zunächst das Verhältnis Peire Card's. zu den übrigen Gedichten zu erledigen, so kommen für ihn als unmittelbare Vorbilder Arn. de Maroill 3 und Sordel 29 in Betracht. Dass der Canzone Arnaut's de Maroill die Priorität zukommt, ist zweifellos; über die Beziehung Peire Card.'s zu Sordel eine Entscheidung zu treffen, ist jedoch bei dem Mangel an bestimmten historischen Anspielungen kaum möglich; nur soviel geht aus der Tornada Sordel's hervor, dass das Sirventes Sordel's jedenfalls kaum vor 1228 oder 1230 entstanden sein kann; denn der in der Torn. genannte König von Aragon Jacob I. wird kaum früher (er war 1208 geboren) Gegenstand des Trobadourgesanges geworden sein. Interessant ist, dass sowol P. Card.'s als Sordel's Sirventes dasselbe Thema, die Habsucht der Grossen, behandelt, ein Umstand, der allerdings die Vermutung nahe legt, dass bei den Gedichten eine engere Verwandtschaft zu Grunde liegen möchte. — Die in Y verstümmelt erhaltene Cobla (461, 235), die übrigens nicht, wie Groeber a. a. O. pag. 665 vermutet, eine Cobla von 106, 24 (Cad. 24) ist, irgendwo unterzubringen, muss dem Zufall überlassen bleiben. Wer zuerst in dieser Form gesungen hat, möchte gleichfalls schwer zu entscheiden sein. Aim. de Peg. 27 ist zunächst nicht nach 1213 entstanden; ich möchte es dem Jahre 1211 oder kurz nachher zuweisen, als der in der Torn. genannte Graf von Comminges, unter welchem Bernhard IV. (1181—1226) zu verstehen ist, mit Petrus II. († 1213; s. Torn. I) für Raym. VI. von Toulouse gegen Simon von Montfort Partei ergriff. (L'art de vérif. IX, 279).

Arn. de Mar.'s Canzone ist offenbar früher entstanden, da dieser Trobador das Jahr 1204, das Todesjahr Wilhelm VIII. von Montpellier, dem er Lied No. 8 widmet, sicherlich nicht mehr erlebt hat. Die Bestimmung des in der Tornada erwähnten »Seinher Frances«, der auch in 13 und 22 als »mon Frances«, in 19 als »Frances« auftritt, wird zu einer nähern Datirung schwerlich förderlich sein. Die Form von Folq. de Mars. 17, des einzigen Gedichtes unserer Gruppe, welches Reimwechsel eingeführt hat, möchte als selbständige Erfindung anzusehen sein. Dafür spricht wenigstens der Eingang: »Pos entremes me sui de far chansos, ben dei gardar que fals motz noi entenda«.

Unter den unter 2) aufgeführten Gedichten ist Peirol 5 sicherlich das älteste, zwar kann dies nicht auf Grund des Inhalts nachgewiesen werden; allein, da Peirol die vorliegende Strophenform auch noch in No. 28 aufweist, so möchte ich, obgleich unser Gedicht nur in a erhalten, also schwach gesichert ist, ihm die Erfindung zuschreiben. Von Uc de San Circ 39 sind nur zwei Coblen in I eralten. Bernart de la Barta 4 bezieht sich nach Diez pag. 597 auf den Frieden zwischen Raim. VII. und der Kirche 1229. Peirol 28 (über die zu Grunde liegenden Ereignisse s. Kugler, Gesch. der Kreuzzüge, pag. 313, 315—25), von Diez, 318—19 nach 1221 angesetzt, tritt, wie schon erwähnt, auf Grund von Silben- und Reimschema, in enge Beziehung zu Aim. de Peg. 27, das ihm zum Muster gedient haben wird. Bern. Marti 5 endlich, sowol in metrischer (Schema: 7' | 3 | 7 | 7' | 7 | 3 | 7' |), als auch reimtechnischer Beziehung *(ia, or, itz)* isolirt dastehend, bietet inhaltlich zu einer genauen Fixirung keine Anhaltspunkte.

Mit Arn. de Maroill trifft P. Card. auch in der gewöhnlichen Form *a b b a c c d d* zusammen; P. Cardenal hat diese Form der provenzal. Lyrik folgenden Gedichten zu Grunde gelegt: BG. 335; 3, 4, 16, 21, 37, 39, 65. Erledigt sind hiervon an anderer Stelle (pag. 38 f.) schon 335, 16 und 335, 37. Die übrigen sollen hier nach dem bisherigen Verfahren der grössern Uebersichtlichkeit halber im Zusammenhang besprochen werden; es versteht sich von selbst, dass bei einer so ungemein einfachen Form — sie begegnet uns zuerst bei Bern. de Ventadorn (BG. 70, 1, zwischen 1151 und 1170 entstanden), und findet sich dann bei den meisten Trob. (besonders häufig bei P. Vidal, Aim. de Peg.) bis herab zu dem letzten Kunstdichter Guir. Riquier (s. die Liste sämmtlicher Strophenformen im Anhang) — von einer wirklichen Nachbildung nur dann gesprochen werden kann, wenn neben vollständig gleicher Reimreihe auch dasselbe

Versmass beobachtet, oder bei metrischer und reimtechnischer Verschiedenheit, sonstige beweiskräftige Indicien vorhanden sind.

In dieser Beziehung berührt sich zunächst P. Card. 65 (Reime: *ens, ors, ensa, os*) (10 S.) mit folgenden Gedichten: Alaidina Yselda 1 (Tenz.: 2 Cobl. 2 Torn.), Guir. Riq. 74, Esquilha 1 (Tenz.: 6 Cobl. 2 Torn.), P. Imbert 1 (Canz.: 5 Cobl. 1 Torn.), Pujol 2 und 4, Lantelm 2 (Tenz.: 6 Cobl. 2 Torn.), Arn. de Mar. 16 (Canz.: 5 Cobl. 1 Torn.), B. Carb. 28, 40, 84, 90 (je ein Spruch), G. Mont. 13 (Canz.: 6 Cobl. 1 Torn.), G. Mont. 1 (Blacasset 1) (je 2 Cobl. und 1 Torn.). Es würde zu weit führen und auch von geringem Interesse sein, jedes einzelne dieser Gedichte gesondert zu betrachten; hier genügt es, dasjenige Gedicht zu bestimmen, dem die Priorität vor den übrigen zukommt. Diese kann Arn. de Mar. 16 wohl in Anspruch nehmen. Seine Canzone ist an »Belhs Esgars« gerichtet, ein Versteckname, unter welchem unser Trobador Adalasia, Tochter Raimund V. von Toulouse, Gemahlin des Vizgrafen Roger Taillefer von Beziers (1171—94) besang (Diez, 120). Bei G. Montanh. 1 und Blacasset 1 verdient hervorgehoben zu werden, dass letzteres die Antwort auf G. Mont. 1 ist (s. pag. 30); auffällig bleibt allerdings dabei, dass G. Mont. in der Torn. einen »Amics Girautz« auffordert, den Namen Gauseranda de Lunel zu deuten [18]). P. Card.'s Sirventes gilt dem Verräter Esteve de Belmont (cf. pag. 20). Pujol 2, wozu auch 4 gehört, muss (wegen des Inhalts von Cobla 4) vor Blacatz' Tode verfasst sein.

Dasselbe Versmass (der 10-Silbler) liegt auch der folgenden Gruppe zu Grunde: P. Card. 4, Aim. de Peg. 15 (Canz.: 6 Cobl. 1 Torn.), Sordel 6 (Canz.: 2 Cobl. 1 Torn.), Perdigo 1 (1 Cobl.), 461, 231 (Canz.: 2 Cobl. 1 Torn.). Die Reimreihe wird gebildet von den Reimsilben: *or, an, ia, ir.* Sämmtliche Gedichte, mit Ausnahme von P. Card. 4 (vgl. pag. 12) haben ferner als erstes Reimwort jeder Cobla »*amor*« benutzt. Die Erfindung der Form kommt hier aller Wahrscheinlichkeit nach Aim. de Peg. zu, dessen Canzone, wie sich aus der letzten Cobla ergiebt: »Chanzon, vai t'en de ma part e d'amor — al pro, al ric, al valen, al prezan — a cui servon Latin e Alaman — e sopleyo cum bon emperador« nach der Kaiserkrönung Friedrich II. (1220) abgefasst ist (Diez 440). Dieser Zeit mögen auch die uns unvollständig erhaltenen Canzonen Perdigo's und Sordel's angehören, welche in ihrer verstümmelten Gestalt keine nähere Datirung ermöglichen. Da die Entstehungszeit von P. Card. 4 ebenfalls nicht zu bestimmen ist, so ist eine endgültige Entscheidung in diesem Falle überhaupt nicht möglich. Es fragt sich, ob dieses Gedicht mit Recht unter Peire Card.'s Namen figurirt. Es ist in C und F erhalten, in C unter dem Namen P. Cardenal's, in F unter dem Bern. Arn.'s de Moncuc, von dem ausserdem nur ein einziges Gedicht (BG. 55, 1) auf uns gekommen ist, welches Diez (pag. 550) auf Grund der historischen Anspielungen in das Jahr 1213 setzt. Es ist dort von einem Herrn von Tolzan die Rede, welcher bei dem Feldgeschrei Guiana zuerst Beistand leisten wird. Nun kommt in dem fraglichen Gedicht zwar ebenfalls ein »coms de Tolsan« vor, dem der Rat gegeben wird, wenn er seine Feinde vernichten wolle, sich gute Freunde zu wählen (Cobla 3). Dies kann jedoch nicht entscheidend sein; vielmehr giebt den Ausschlag, und zwar zu Gunsten P. Card.'s, die vollständige Uebereinstimmung unseres Gedichtes mit den übrigen Erzeugnissen P. Card.'s in sprachlicher und stilistischer Hinsicht. P. Card. pflegt seine Gedichte gerne mit rhetorischen Figuren auszuschmücken [19]; mit letzteren ist auch unser Gedicht versehen, so in Cobla 1: »e ve guarnitz de...« 5 mal. Cobla 2: »bel m'es quan und belh quan ....« Zl. 1 und 3. Cobla 4, Zl. 7 und 8: »quar selh es fols qui ..... e selh savis que ...« Wir können demnach wohl bei der von Bartsch im Grundriss eingeführten Attribution bleiben.

Der zehnsilbige Vers begegnet auch in folgenden Gedichten (Reimreihe: *os, an, en, at*): P. Card. 21 (MG. 1250 und 1250¹), Gui d'Uisel 19 (Canz.: 6 Cobl. 2 Torn.), P. d'Uisel 1 (Sav. de Malleo 1), 461, 45, 48, 173, Bertr. Carb. 32, Guir. Riq. 34 (Tenz.: 5 Cobl. 2 Torn.), Guillalmet 1 (Tenz.: 2 Cobl. 2 Torn.). P. Cardenal's Sirventes ist, da es in der Torn. dem Grafen von Rodes, unter welchem Hugo IV. (1227—74) zu verstehen ist, gewidmet wird, nach 1227 entstanden. Gui d' Uisel's Canzone gehört schwerlich einer so späten Zeit an; da von ihr zunächst unzweideutig P. d' Uisel 1 (Zeile 1) hervorgerufen ist, diesem aber in der Handschrift H unmittelbar die Cobla von Savaric de Malleo 1 (1200—1230) folgt, endlich nach Angabe der Lebensnachricht Gui d'Uisel treffliche Canzonen dichtete, so wird auch das Sirventes Peire Cardenal's formell von dieser Canzone beeinflusst sein.

Mit P. Card. 3 stimmt am nächsten überein eine Cobla esparsa von Bertr. Carb. (BG. 82, 48); das Versmass P. Card.'s ist: 8, 8, 8, 8, 10, 10, 10, 10; das von Bertr. Carb.: 8, 8, 8, 8, 8, 8, 10, 10; die Reimreihe bei P. Card. 3 ist: *ier, es, e, atz*; bei Bertr. Carb.: *an, es, e, atz*. Bei der innern Verwandtschaft, welche zwischen diesen beiden Dichtern besteht, wird wohl diese Uebereinstimmung zur Annahme der Entlehnung seitens Bertr. Carb. genügen. Für P. Card. 39 hingegen findet sich kein Gedicht, welches auf Grund der Reimreihe mit ihm in Beziehung träte; das Versmass ist der 10-Silbler, die Reimreihe: *ius, os, or, e*. Bemerkenswert ist, dass das letzte Reimwort von Cobla 1, 3, 4 und 5 das Wörtchen »be« ist. Zufällig mag in Cobla 2 und 3 als fünfter Reim *cor* (3. sg. praes. ind. von *corre* auftreten.

Dieser bei einer so einfachen Form nicht weiter merkwürdige Fall von formeller Selbständigkeit kommt noch einige Male bei Peire Card. vor, nämlich in No. 44, 67 und 69, welche ebenfalls zwei der gewöhnlichsten Strophenformen aufweisen, nämlich *a b a b c c d d* (in Gedicht 44 und 67); *a b b a c d d c* (in Gedicht 69). No. 44, ein Sirventes, ist entweder nach 1222 oder nach 1237 entstanden, je nachdem man unter dem in der Torn. erwähnten Dalfin de Vianes (Sirventes, vai t'en de cors — En Vianes per secors — e sapchas me del Dalfis — si es de guap o de ris)

Guigo VI. (1222—37) oder Guigo VII. (1237—69) verstehen will. Das Versmass von 67 (der 10-Silbler) hat P. Card. auch im Gedicht No. 57, hier im Anschluss an Bertran de Born, benutzt. Dasselbe Versmass liegt auch in 69 vor; es ist also nur die Reimreihe bei diesen drei Gedichten sein unbestreitbares Eigentum.

Peire Cardenal 33 hat eine dem Reimschema
$$a_7\ b_7\ b_7\ a_7\ c_5\ c_7\ a_7\ a_7\ d_5\ d_7$$
entsprechende Strophenform; sie liegt noch folgenden Gedichten zu Grunde: Peire Raimon de Tol. 15 (Canz.: 5 Cobl. 6 Torn.), Folquet de Mars. 27 (Canz: 5 Cobl. 2 Torn.), Folquet de Mars. 14 (Canz.: 5 Cobl. 2 Torn.), Rostanh Bereng. 7. Das Muster für Peire Card. hat Folquet de Marseille abgegeben, welches dieselbe Reimreihe, wie Peire Card.'s Gedicht aufweist, nämlich: *atz, ers, ers, atz, ens, ens, atz, atz, er, er*. Folq. de Mars. 27 muss wegen des Inhalts der letzten Cobla zwischen 1181 und 1187 entstanden sein (vgl. Diez 241). Folq. de Mars. dichtete nach Diez von 1180 bis 95; damit ist die Priorität jedenfalls Peire Card. gegenüber zweifellos, dessen Sirventes, gegen die Verderbtheit der Welt gerichtet, wegen seines allgemein gehaltenen Inhalts eine Datirung nicht ermöglicht; sie muss jedoch unentschieden bleiben gegenüber Peire Raim. de Tolosa, dessen Gedicht neben anderem Versmass zugleich andere Reime zeigt, nämlich:

6 6 6 6 6 6 6 6 6 10.
atz or or atz en en atz atz ens ens

Soviel steht jedoch fest, dass von dieser Gestalt der Strophenform Folq. de Mars. nicht beeinflusst ist. Der letztere Dichter bietet sie noch in einem zweiten Gedichte, allerdings sowohl mit anderen Reimen: *ors, e, en, es*, als auch einem anderen Versmass (8-Silbler). Dieses Lied dreht sich um den Widerspruch von Liebe ohne Mitleid; dem entsprechend bildet »amors« das erste, »merces« das letzte Reimwort jeder Cobla. Es bezieht sich auf die Vizgräfin Adalasia, Gattin des Vizgrafen

Barral von Marseille († 1192) (Diez 152), mit der die meisten seiner Gedichte in Beziehung stehen (s. die Ged. No. 1, 3, 5, 7, 8, 10, 11, 14, 15, 16, 18, 21,. und Perdigon 9 (370, 9), das von RFα vielleicht mit Recht Folq. de Mars. zugeschrieben wird). Das Gedicht von Rostanh Berenguier (4 Cobl.) gehört der Zeit des Verfalls an (cf. Meyer, dern. troub. pag. 492 f.). Seine erste Cobla besteht im Gegensatz zu den drei übrigen, welche das Silbenschema 7, 7, 7, 7, 5, 5, 5, 5, 7, 7 haben, aus lauter 7-Silblern.

Die Form *a b b a c d d c c* hat Peire Cardenal dem Gedichte Raimon's de Miraval 12 (Canz.: 7 Cobl. 2 Torn.) entlehnt; sie liegt zu Grunde: Peire Cardenal 48 (Sirv.: 5 Cobl. 1 Torn.), Peire Vidal 37 (Canz.: 7 Cobl.) 461, 96 (Cobla esparsa), Uc de San Circ 4 (Canz.: 5 Cobl. 1 Torn.), Vescoms de Torena 1 (Tenz.: 4 Cobl. 2 Torn.), Ponso 2. Auch hier müssen wir die einzelnen Gedichte nach der Reimreihe sondern. Auf Grund dieser tritt zunächst die anonyme Cobla (461, 96) mit dem Liede Peire Vidal's in nähere Beziehung (cf. Bartsch, Anm. zu Dkm. pag. 141). Letzteres ist, da darin der Vizgraf Barral von Marseille (Bels Rainiers) genannt ist, vor 1192, dem Todesjahr dieses Fürsten verfasst (s. Lebensnachr. bei Bartsch S. 2—4). Dem Gedichte Peire Vidal's und der anonymen Cobla liegt die Reimreihe: *ensa, o, ar, or* zu Grunde. Die cobla esparsa ist dem Liede P. Vidal's also nachgebildet. Weiter weist auf Entlehnung hin die Gleichheit der Reimreihe *(ey, ays, ut, aire)* und des Versm. (7 S.) in Peire Card. 48 und Raimon Miraval 12.

Das Sirventes Peire Cardenal's ist durch Diez a. a. O. pag. 457 der Zeit nach bestimmt; er setzt es in das Jahr 1214, in welchem Balduin von Toulouse aufgeknüpft wurde. Das Sirventes Raimon's de Miraval bezieht sich auf diesem Ereignis vorausgehende Unternehmungen. Simon von Montfort hatte 1212 Carcassonne und Montagut erobert und dadurch Raimund VI. von Toulouse in arge Bedrängnis versetzt. Das Gedicht giebt der Besorgnis für Raimund Ausdruck und fordert den König, unter dem des Grafen Schwager Petrus II. von Aragon zu verstehen ist, auf, die beiden Städte wieder zu erobern; dann würde er in Bezug auf Tüchtigkeit Kaiser heissen, und seinen Schild würden sowol die Franzosen als die Mohamedaner fürchten (cf. Diez S. 391).

Die Form der Tenzone (4 Cobl. 2 Torn.) des Vizgrafen von Turenne mit Uc de S. Circ steht ohne Zweifel unter dem Einfluss vou Uc de San Circ 4 (Canz.: 5 Cobl. 1 Torn.) Diese letztere lässt sich nicht näher datiren, da ausser der Dame, der sie gewidmet wird, Azalais d'Autier, keine persönliche oder anderweitige Anspielung vorkommt.

Im Anschluss hieran möchte ich P. Cardenal 50* besprechen, das sowohl auf Grund seiner Reimstellung *(a b b a c c c c c)*, die in der übrigen provenz. Litteratur nicht wiederkehrt, als wegen der lautlich interessanten Reimreihe *c* besondere Erwähnung verdient. Leider stehen mir von diesem in D^b IKLMRTdα erhaltenen Sirventes (4 Cobl. 1 (?) Torn.) nur die Texte der Hdss. I, M und der kaum in Betracht kommenden Hds. α zu Gebote — ein Umstand, der eine vollgültige Verwertung des Resultates einigermassen erschwert. Immerhin aber lässt sich auch so aus unserem Gedicht eine Bestätigung der bisher über die verschiedenen E-Laute gemachten Erfahrungen entnehmen.

Es wird unbestritten angenommen, dass die Scheidung zwischen offenem und geschlossenem *e* (*e larg* und *e estreit*) von den Trobadors mit einzelnen Ausnahmen, die entweder dialektischen Eigentümlichkeiten zuzuschreiben sind, oder aber auf poetischer Licenz beruhen, streng beobachtet wurde. Dieselbe Scheidung besteht auch zwischen offenem *ei* und geschlossenem *ei* (*èi larg* und *éi estreit*), wonach also niemals *èi larg* mit *éi estreit*, sondern nur jedes mit sich im Reime gebunden

---

*) Ich habe dieses Gedicht in der Liste sämmtlicher Strophenformen auch unter der Form *a b b a c d d c c*, unter welcher es wohl zuerst gesucht werden möchte, aufgeführt.

werden kann. Dagegen wird häufig -*ai* (aus der 1. pers. praes. oder 1. pers. fut. ind. als etymologischer Grundlage erwachsen) mit *èi larg* im Reime angetroffen; und in der That scheint dieses *ai*, wofür in mehreren Gedichten *ey*, das wohl nicht immer blosse Schreibart ist, vorkommt, mit *èi larg* nahezu dieselbe Lautstufe einzunehmen.

So ist z. B. *èi larg* und *ai* mit einander gebunden in den Reimreihen folgender Gedichte: G. de Cav. 3 (Cobla 1): comprei (1. sg. praet.), aurei (1. sg. fut.), n'ei (1. sg. praes.), enpacei (1. sg. praet.), encontrei (1. sg. praet.), perdei (1. sg. praet.) (Cobla 2) gardei (1. sg. praet.), direi (1. sg. fut.), portarei (1. sg. fut.), dernei (obl. sg. -acum), farei (1. sg. fut.), lei (illae?).

P. Bremon 10 Cobla 2: nasquiei (1. sg. praet.), veirei (1. sg. fut.). — Cobla 3: demandei (1. sg. praet.), pensarei (1. sg. fut.). — Cobla 5: iriei (1. sg. fut. von anar?), lieï (obl. sg. pron.).

G. P. de Cazals 11, Cobla 2: de liey (pron. obl. sg. fem.), siey (1. sg. praes. sapio), n'iey (habeo), diey, amiey, comensiey, cugiey, trobiey (1. sg. praet.) u. a.

Hierfür bietet dann auch unser Gedicht mit den folgenden Reimworten einen weitern Beleg: amei (1. sg. praet.), amerei (1. sg. fut.), volrei (1. sg. fut.), demei (dimidium = éi estreit), n'ei (habeo), semenei (1. sg. praet.), prei (prĕcor), fadei (1. sg. praet.), ei (habeo). Das einzige regelwidrige Wort ist also demei (dimidium), wenn wir von dem in der Torn., die aber nur in M erhalten ist, vorkommenden véi (= video) absehen. — Da in der übrigen Litteratur keine Fälle von Reimen von geschlossenem *éi* mit offenem *èi* oder *ai* vorkommen, so kann dieser einzige Reim, der vielleicht der mangelhaften Ueberlieferung zur Last zu legen ist, jedenfalls keine Bedenken gegen die obige Behauptung veranlassen (vgl. P. Cardenal 69, Cobla 5; P. Card. 28; P. Card. 48; P. Rogier 6; Peirol 18; Pons de Capd. 26; Raim. Miraval 12, ferner: Ralm. Bist. d'Arl.). Die Entstehungszeit unseres nur teilweise verständlichen Sirventes lässt sich aus Mangel an historischen Indicien nicht festsetzen.

Die Formen, in denen P. Card. 27 und 42 verfasst sind, gehören demselben Grundtypus an und reichen in ein hohes Alter hinauf. Die eine davon, in welcher Gedicht No. 27 gebaut ist, findet sich schon bei dem ältesten uns bekannten Trobadour vor; die andere in mehreren Gedichten Marcabrun's. Die erstere — $a\,a\,a\,b$ — kommt in folgenden Gedichten vor: 461, 113 (Alba) — Guillem IX. 10 — Marcabrun 23 — Uc Catola 1 — Gausb. de Poicibot 4 — Torcafol 1 — Guill. Rainol d'At 3 — Mönch v. Mont. 13 *). Die Form ist volkstümlich, das beweist schon das Vorkommen in der volkstümlichen Gattung der Alba; dies beweist ferner die Uebereinstimmung der Reimsilbe für den Reim b in allen Coblen und der Reimwechsel für den Reim a. Diese vierte Zeile ist sicherlich aus der Refrainzeile des Volksliedes herausgewachsen, auf dessen Einfluss eben die Gleichheit des Reimes b in allen Coblen zurückzuführen ist. Hinsichtlich des Versmasses sind folgende Gruppen zu unterscheiden:

1) in 7-Silblern: P. Card. 27 — Gausb. de Poic. 4 — Torcafol. 1 — Guill. Rainol d'At 3.

2) in 8-Silblern: Uc Catola 1 (Tenz.: 14 Cobl. **) — Marcabrun 23 (Vers: 7 Cobl. 1 Torn.; vgl. pag. 2. Anm.) — Guillem IX. 10 (10 Cobl. 1 Torn.).

3) in 10-Silblern: 461, 113 Alba.

4) Mischung von 10- und 5-Silblern: Mönch von Mont. 13.

Die Gruppe von Gedichten, denen die Doppelform zu Grunde liegt, hat Wechsel von männlichen und weiblichen Reimen beobachtet; aber auch hier geht der Reim b durch alle Coblen durch. Die Priorität zwischen ihnen wird, da sowol

---

*) Die letzten 4 Gedichte entsprechen dem Reimschema: $a\,a\,a\,b\,a\,a\,a\,b$, also einer Verdoppelung der ursprünglichen Form.

**) Die älteste uns überlieferte Tenzone, in der nicht, wie es später bei dieser Gattung geschah, eine Streitfrage aufgeworfen wird, sondern der Gegner (hier Marcabr.) auf natürliche Weise dazu geführt wird, gegen die Liebe zu Felde zu ziehen, als deren begeisterten Anhänger sich dann Uc Catola erklärt.

Gausb. de Poicibot als auch Mönch von Mont., als endlich auch Torcafol als Zeitgenosse Garin's d'Apchier, ungefähr zu gleicher Zeit gelebt haben, unentschieden bleiben müssen. Das der Form ursprünglich eigene Versmass ist höchst wahrscheinlich der 8-Silbler gewesen; die Gestalt in 7-Silblern documentirt sich durch die in ihr vertretenen Trobadours als jünger; man möchte zwar geneigt sein, die anonym überlieferte Alba als auf volkstümlicher Grundlage beruhend früher anzusetzen; allein dagegen spricht der 10-Silbler, dem wir vor Bern. de Ventadorn sonst nicht begegnen (vgl. Seite 3). An eine direkte Entlehnung, wie wir sie in den bisherigen Fällen beobachtet haben, ist nicht zu denken. Für Peire Cardenal, dessen Gedicht ein aus 78 Coblen bestehendes Gebet ist, ist kein direktes Vorbild unter den hier angeführten Gedichten vorhanden.

Hinsichtlich des unter B. G. 173, 4 aufgeführten Gedichtes, das von ADIK Gausbert de Poicibot, von CR dem Mönch von Montaudon beigelegt wird, ist eine zwingende Entscheidung bezüglich der Autorschaft bisher noch nicht getroffen. Vom Gesichtspunkte der Form betrachtet, lässt sich diese Frage ebenfalls nicht lösen; denn auf Grund des Baues hat sowol der Mönch von Mont., der die Form noch in Gedicht No. 13, allerdings hier mit anderem Silbenschema (Wechsel von 10- und 5-Silblern), aufweist, als auch Gausb. de Poicibot Anrecht auf den Besitz. Zwar kommt die vorliegende Form bei Gausb. de Poicibot nicht wieder vor, wol aber zwei mit ihr eng verwandte, nämlich: $a\,a\,a\,b\,b\,c\,c\,c\,b\,b$ (7 S.) *o, an, ier* Ged. No. 15 und $a_7\,a_5\,a_7\,b_5\,b_7\,a_5\,a_7\,a_7\,b_5\,b_5\,c_7\,c_7$, *en, atz, os* Ged. No. 7.

Auch die Form von Peire Card. 42, welches in der Handschrift I als »Sermons« bezeichnet wird, gehört zu den volkstümlichen; diese Form — die Form des versus tripartitus caudatus — haben folgende Gedichte: 1) Marcabrun 16; 20; 43 — Guiraut's de Cabreira Ensenhamen — Guiraut's de

Calanso Ensenhamen — Peire Card. 42 — Peire d'Alv. 10 — 2) Peire d'Alv. 8 — 3) Guill. Godi 1 — Marcabrun 41 — 4) Raimon Jordan 13. Die Eigentümlichkeit dieser Form, die sich durch das Reimschema $a\,a\,b\,c\,c\,b$ oder $a\,a\,b\,c\,c\,b\,d\,d\,b$ u. s. f. darstellen lässt, besteht darin, dass der 3., 6., 9. Vers jeder Cobla auf denselben Reim ausgehen, der zugleich in allen Coblen beibehalten wird, während für a und c von Cobla zu Cobla eine andere Reimsilbe auftritt. Hierzu kommt für Gruppe 1) noch, dass die auf den Reim b ausgehenden Verse aus je 8 Silben, die übrigen aus je 4 Silben bestehen, wohingegen die vier letzt angeführten Gedichte isometrischen Bau zeigen, und zwar 2) 7-Silbler, 3) 8-Silbler und 4) 10-Silbler. Die Gruppe 1) kennzeichnet sich durch die oben hervorgehobene Eigentümlichkeit als auf volksmässiger Grundlage beruhend; an Stelle dieser längern Zeile bot das Volkslied den in jeder Cobla wiederkehrenden Refrain. Zunächst ist, wie Suchier im Jahrb. für roman. und engl. Literatur XIV. pag. 144 f. dargethan hat, B. G. 293, 20 nicht Eigentum Marcabrun's, sondern eines Aldric del Vilar. Auf Grund des Inhalts und der Lebensnachricht hat Suchier dieses Gedicht als eins der frühsten angesetzt, und Marcabrun 43 als Antwort darauf betrachtet, welches wol bald nachher entstanden sein wird. Für letzteres wäre also Beeinflussung von Seiten der Form oder wenigstens der Reimreihe von 293, 20 anzunehmen, allein da auch 293, 16 und 293, 41 dieselbe Form aufweisen, so ist doch höchst wahrscheinlich, dass Aldric del Vilar's Lied seinerseits wieder unter dem Einfluss der Form der betr. Lieder Marcabrun's steht.

Das Ensenhamen Guiraut's de Calanso ist bekanntlich eine Nachahmung des Gedichtes gleicher Gattung von Guiraut de Cabreira (B. Dkm. Einleitg. S. 5 f.). Peire Cardenal's Lied schliesst sich sowol an Peire d'Alvernhe 10 als an 293, 20 (bezw. Aldric del Vilar) durch Verwendung desselben durchgehenden Reimes *(b = ar)* an. In letzterem Gedichte sind sämmtliche Reimworte auf *-ar*, mit Ausnahme von zweien (C. 3: *clar*,

C. 7: *joglar*) Infinitive (vgl. S. 32: Guillem IX. 8). Da beide jedoch nicht zeitlich fixirt werden können, so muss die Frage nach dem direkten Vorbilde Peire Cardenal's unentschieden bleiben. Peire d'Alvernhe 10 ist vor 1162 gedichtet (cf. Diez a. a. O. p. 70).

Bei Marcabrun 41, Guillem Godi 1 und Peire d'Alvernhe 8 ist die Reimablösung für *a* und *c* von Cobla zu Cobla aufgegeben. Bei Raimon Jordan 10 ist sogar die Durchreimung für den Reim *b* nicht mehr vorhanden; hier tritt alle 2 Coblen ein vollständiger Reimwechsel ein. Es gehört der Gattung der Canzonen an und bewegt sich in dem gewöhnlichen Geleise der provenzal. Minnelyrik.

Mit dieser Form zu vergleichen sind die Strophenformen folgender Gedichte: Marcabr. 24, Guir. del Oliv. 14; P. Card. 10, Raimb. d'Aur. 3, weil sie zeigen, wie lange alte Formen, wenn auch in modificirter Gestalt, fortgelebt haben.

Marcabrun 24 (vgl. pag. 2) repräsentirt deutlich die dreizeilige Strophenform des ältesten Trobadors, a_1, a_1, b_{14}, welche hier in eine 9zeilige nach dem Schema $a_3 a_4 b_4 \mid c_3 c_4 b_4 \mid d_3 d_4 b_7$ aufgelöst ist. Dieser Typus ist auch noch zu erkennen in der Form v. Raimb. d'Aur. 3, welche diesem Schema entspricht:

$$a_3 a_4 b_4 \mid c_3 c_4 b_4 \mid d_3 d_4 b_4 \mid e_3 b_4 b_3 \mid e_3.$$

4 Theile lassen sich an dieser Strophe unterscheiden: zunächst 3 Elf-Silbler, dann ein 14-Silbler ($= e_3 b_4 b_3$), dem dann noch ein die Strophe abschliessender 3-Silbler folgt, wodurch der ursprüngliche Typus in etwas abgeändert wird.

In P. Cardenal 10 lassen sich zwei verschiedene Grundformen erkennen, sowohl der versus tripartitus caudatus, als auch der Elf-Silbler Guillem IX. Die Strophe lässt sich in drei Teile von je 6 Versen zerlegen; an die Form Guillem IX (B. G. 183, 4 u. 5) erinnert der zweite und dritte Theil; dagegen lässt sich der erste aus zwei 13-Silblern bestehende Theil mit diesem Typus nicht mehr in Einklang bringen; hier ist wohl vielmehr der Einfluss der Form: $aabccb$ u. s. f. bemerkbar. Dennoch lässt sich die Form von P. Card. 10 so darstellen:

$$\begin{array}{c|c|c|c|c|c} A_{13} & A_{13} & A_{13} & A_{13} & A_{11} & A_{11} \\ a_5\,a_5\,b_5 & a_5\,a_5\,b_5 & c'_5\,c'_5\,b_5 & c'_5\,c'_5\,b_5 & d'_5\,d'_5\,b_5 & d'_5\,d'_5\,b_5 \end{array}$$

Die Form von Guir. del Oliv. 14 endlich ist am nächsten verwandt mit der Form von P. d'Alv. 8; ihr Schema ist $aabccbddb$ (7 S.).

Peire Cardenal 70 (Gebet: 5 Coblen), dessen Strophenform dem Schema $abababbcc$ (7 S.) entspricht, bietet deshalb ein besonderes Interesse, weil hier die beiden letzten Zeilen jeder Cobla sogen. Refrainzeilen sind. Den Refrainreim hatte P. Card. im Anschluss an ein Gedicht Bernart's de Ventadorn verwendet (vgl. pag. 11), es liegt nahe, auch für diese Künstelei Vorgänger zu vermuten. Nun finden sich unter den Gedichten von obiger Form: Sordel 1, Bertr. d'Alam. 15, Guir. Riquier 65 zwei, welche ebenfalls an derselben Stelle mit Refrainzeilen ausgestattet sind. Das eine davon, Guir. Riq. 65, ein Loblied auf die glücklichen Zustände in Catalonien, kann als Muster für Peire Cardenal, da es nach Angabe der Ueberschrift im Jahre 1270 entstanden, nicht in Betracht kommen. Das andere, die Canzone Sordel's an die Donna de Plazensa (Cobla 1,5), unter welcher die Schwester des Ezzelino da Romano zu verstehen ist, könnte der Chronologie wegen, da es vor 1229, dem Ende des Liebesromans des Dichters mit dieser Dame (Diez pag. 471), entstanden sein muss, unsern Dichter vielleicht beeinflusst haben, wenigstens deuten die formellen Berührungspunkte beider Gedichte (gleiches Versmass: 7-Silber, gleiches Geschlecht der Reime a und b, gleiche Strophenzahl (5)) eine Beziehung an; da aber Peire Card.'s Gebet, das nicht näher datirt werden kann, mit gleichem Rechte vor, als nach 1229 entstanden sein kann, so muss in diesem Falle auf die Entscheidung verzichtet werden [10]). Bertran d'Alamanon 15 (Sirv.: 6 Coblen), ohne Refrainzeilen am Schluss, mit Reimwechsel von zwei zu zwei Coblen, bezieht sich auf Raimon Berengar IV. von Provence, welcher aufgefordert wird (Cobla 2), in sein Land zurückzukommen; er war bis 1217 an dem Hofe des Königs von Aragon (L'art. de vérif. X, 406 f.).

Wenn in diesem Falle aus Mangel an chronologischen Indicien eine Entscheidung nicht getroffen werden konnte, die Entlehnung selbst aber thatsächlich vorlag, so ist bei den folgenden Gedichten: Peire Card. 46 (Sirv.: 5 Cobl. 1 Torn.), Peirol 15 (Canz.: 6 Cobl. 1 Torn.), Perdigon 15 (Gebet: 6 Cobl. 1 Torn.) — deren Strophenbau dem Schema *a b a b a b a b c b c* entspricht — beinahe das umgekehrte Verhältnis zu beobachten. Hier ist wohl ohne Weiteres zuzugeben, dass Peire Card. die Priorität Peirol (nach Diez 1180—1225) nicht streitig machen kann, aber merkwürdig ist, dass er ein vollständig anderes Silbenschema verwertet hat, und zwar dasselbe Schema, das in Gedicht No. 52 auftritt, hier unter wahrscheinlicher Anlehnung an ein Gedicht Marcabrun's von gleichem metrischen Bau (B. G. 293, 32). Wenn hier demnach wegen der Seltenheit der Form eine vollständige Selbständigkeit für Peire Card. nicht angenommen werden kann, so bleibt doch immerhin die Einführung eines anderen Silbenschema's — mag er dies nun anderswo entlehnt haben oder nicht — für diese Form sein allerdings bescheidenes Eigentum. Dagegen hat Perdigon, der ja vielleicht mit demselben Recht als unmittelbares Vorbild angesehen werden dürfte als Peirol, eine ganz getreue Nachahmung des Gedichtes Peirol's ausgeführt; in beiden Gedichten ist sowohl die Art der Reimverknüpfung (bezw. Ablösung) in den einzelnen Coblen ganz gleich, als auch die Gleichheit der Reimsilben an denselben Stellen der Coblen genau gewahrt. Das Silbenmass dieser beiden Gedichte ist der 5-Silbler (vgl. noch Peirol 18); ihr Reimschema in den verschiedenen Coblen lässt sich so darstellen:

1. { *ora*
2. { *ona* } *aire, ai*

3. { *ena*
4. { *esa* } *ia, ai*

5. { *ansa*
6. { *anda* } *ire, ai*

An diese Art der Reimablösung erinnert auch P. Card.'s Sirventes, nur dass dort für *a* und *b* von Cobla zu Cobla neue Reime eintreten.

Peire Card. 46, Cobla 5: e selh que men — ad escien — e trahis e gualia — renha saviamen — könnte entweder auf Balduin von Toulouse (cf. P. Card. 48) oder Simon von Montfort bezogen werden; in Verbindung mit dem Gedankengange im Vorhergehenden scheint es mir jedoch wahrscheinlicher, dass keine bestimmte Person gemeint ist, sondern ein allgemeiner Tadel ausgesprochen werden soll.

Bezüglich P. Card. 46 mag endlich noch auf die Form $a'b'a'b'ccb'$ (10 S.) hingewiesen werden, die ausser mehreren anderen Gedichten (s. die Liste derselben im Anhang) auch P. Card. 24 hat. Wäre es nicht möglich, dass unsere Form aus dieser sich entwickelt hätte, etwa in der Weise, dass diejenigen Stellen im Verse, an denen dort (P. C. 24) die Caesur ruhte, also auch jedenfalls eine Pause für die Begleitung eintrat, durch gleichen Endreim zum Zweck grösseren Nachdrucks in Verbindung gebracht wären (cf. Cobla 1 unseres Gedichts mit P. Card. 24, Cobla 5, und dazu pag. 36 f.)?

Bei Gausb. de Poicib. 1 und P. Card. 18, dem Schema *abbaaccaa* entsprechend, sind teilweise ähnliche Bedenken vorhanden; auch hier hat P. Card. metabolische Strophen, und zwar nach dem Schema: 7, 7, 7, 7, 7, 7, 3, 5, 7, während Gausb.'s Gedicht isometrischen Bau zeigt (lauter 6-Silbler). In dem erstern Gedicht ist das System der Durchreimung, in dem andern Reimablösung in der Weise eingeführt, dass in Cobla 2. 4. 6 der Reim *c* die Stelle von *b* einnimmt; es ist demnach in diesen Coblen der Reim *c* (= *os*) an derselben Stelle verwendet wie bei P. Card. Zur Bestimmung der Entstehungszeit bietet Gausb. de Poic. nur unzureichende Anhaltspunkte; die in der Torn. unseres Gedichtes genannte Dame »Maria«, die mit gleicher Unbestimmtheit in Gedicht No. 12 Cobla 1 genannt wird, ist vermutlich

Maria de Ventadorn, die im Leben Savaric's von Malleon, vgl. dessen Ged. No. 2 (1200—30; Diez 402, 411), eine Rolle spielt. Dieser Trobador war nach Angabe der Lebensnachricht des Dichters Gönner (cf. Gausb. de Poicib. 6, 9, 14). Da über diese Dame noch nichts Sicheres feststeht (vgl. Anmkg. 12), so ist auch eine genauere Bestimmung unmöglich.

Auch P. Card.'s Sirventes enthält nur undeutliche Anspielungen. Der König Alfons (Cobla 4) ist vermutlich Alfons III. von Castilien (1158—1214), welcher 1195 nach einem Einfall in das Gebiet des Königs von Marocco, Jacob Almansor, von dem letztern bei Alarcos entscheidend geschlagen wurde (cf. Diez 248. 524). Darauf scheinen die Verse: »e no cug quel reis N'Amfos — aitals fos — quan volc descauzir — Turcs, per chrestias ayzir« anzuspielen.

Auch die vorhergehenden Verse (Cobla 4, Zeile 3 f.): »qu'el luec, on dieus fon rezemut — no 'l volon (i. e. li barons Zeile 1) tan possezir — com l'autrui terra saizir« sind verschiedener Deutung fähig, wenngleich die Beziehung auf die Zeit vor dem 5. Kreuzzug (1227—29) wohl am wahrscheinlichsten sein möchte.

Zu einem etwas befriedigenderen Resultate führt die Untersuchung der folgenden Gruppe von Gedichten, denen die Strophenform: $a\ b\ b\ a\ a\ c\ c\ d\ c$ (7 S.) zu Grunde liegt: P. Card. 41 (Sirv.: 5 Cobl. 1 Torn.), Cadenet 5 (Canz.: 5 Cobl. 1 Torn.), Bertr. de Gordo 1 (Tenz.: 6 Cobl.), Ebles d'Uisel 3 (Tenz.: 3 Cobl.). Cadenet's Canzone, eine jeglicher persönlicher Anspielungen entbehrende Verherrlichung seiner Geliebten, lässt keine nähere Datirung zu. Auch die Tenz. Ebles d'Uisel enthält keine chronologischen Indicien. Bertr's de Gordon's Tenzone mit Peire Raimon muss jedoch noch im 12. Jahrhundert verfasst sein, (sofern unter P. Raimon der einzige unter diesem Namen bekannte Trobador de Tolosa gemeint ist, woran zu zweifeln kein Grund vorliegt), denn dieser hat das Jahr 1200 schwerlich überlebt (Diez 113). Ueber Bertrand de Gordon, der von P.

Raimon in Cobla 2 und 4 mit Seigner angeredet wird, lassen sich nur Vermutungen aufstellen; vielleicht ist es jener Bertr. de Gordon, der bei der Belagerung von Chalus den König Richard Löwenherz tödtete und dafür lebendig geschunden wurde.

Demnach steht wenigstens fest, dass P. Card. nicht der Erfinder der Form ist; wahrscheinlich ist Cadenet's Canzone sein Muster gewesen, da kein Fall bekannt ist, in dem eine Tenzone auch andern Dichtungsarten zum Vorbild gedient hat.

Die Form $a\ b\ a\ a\ a\ c\ c\ a$ tragen 2 Gedichte P. Cardenal's, nämlich 335, 5 und 335, 54; ausserdem noch: Garin d'Apchier 3 und Guir. del Oliv. d'Arle 36. Garin d'Apch. 3 und P. C. 5 haben die gleiche Reimreihe *(ier, es, er)* und dasselbe Versmass (8-Silbler). Ob Garin d'Apch. P. Card. beeinflusst hat, oder dieser jenen Dichter, muss dahingestellt bleiben, da keins der beiden Gedichte eine zeitliche Fixirung ermöglicht. Betreffs des Gedichtes Garin's d'Apch., wovon nur 3 Coblen erhalten sind, verdient hervorgehoben zu werden, dass es eine parodistische Pastorelle zu sein scheint (Cobla 1), deren Vorbild nicht erhalten ist (vgl. pag. 36 und 33). Das andere Sirventes P. Card. (335, 54) kann ebenfalls nicht genau datirt werden.

P. Card. 9 und Gui d'Uisel 7 haben die Form
$a_7\ b_7\ a_7\ b_7\ c_7\ c_7\ c_4\ d_8\ d_{10}\ (= a_7\ b_7\ a_7\ b_7\ c_7\ c_7\ d_{10}\ d_{10})$.
Nach Angabe der Lebensnachrichten war Gui d'Uisel durch seine Canzonen berühmt, auch der Eingang der vorliegenden ist sehr bezeichnend: er habe lange aus Mangel an einer razo nicht gesungen; nun aber habe er ein Herz gefunden, das ihn ermutige, gute Verse und schöne Weisen zu machen. Wenn auch keine weiteren, besonders chronologischen Indicien vorliegen, so können wir doch hier, auch abgesehen von der Chronologie, für P. Card.'s Sirventes, welches in den Wirren des Albigenserkrieges seinen Entstehungsgrund hat, Entlehnung annehmen.

Peire Card. hat zu wiederholten Malen Bertran Carbonel zum Muster gedient (vgl. S. 41, 52); warum sich der letztere gerade den berühmten Meister des moralischen Sirventes zu seinem Muster ausersehen hat, liegt auf der Hand. Bertr. Carb. will durch Sprüche auf seine Zeitgenossen wirken; wie sehr musste ihm zu diesem Zwecke ein Trobador als Vorbild willkommen sein, der, wie kein anderer, neben reicher Lebenserfahrung, die Gabe zu beobachten und zu schildern besass? Im Folgenden sollen die noch nicht erwähnten Strophenformen P. Card.'s erledigt werden, welche er mit B. Carb. gemeinsam hat (cf. pag. 28); wir werden, wenn neben ihm ein anderer Trobador als Vorbild in Frage kommt, meistens P. Card. den Vorzug geben müssen, wenn nicht Erwägungen, sprachlicher oder inhaltlicher Natur, zu einer andern Entscheidung unbedingt zwingen. Ein Spruch wird wol schwerlich, gleich den Canzonen, Sirventesen u. s. w. gesungen worden sein, hier tritt an die Stelle des Jongleurs der Deklamator; für diese Gattung ist sicherlich die Trennung von Melodie und Strophenform anzunehmen; ein Blick auf den Bau der Sprüche Bertran's lehrt uns, wie wenig wirklich kunstvolle Strophen auftreten (vgl. Anmkg. 10). Von P. Cardenal hat Bertr. Carbonel in folgenden Sprüchen seine Strophenform entlehnt.

1) P. Cardenal 1 und 6 (vgl. P. C. 8) = Bertr. Carbonel 23; 26; 73; 91, (5) und 61 (mit anderen Reimen) $a\,b\,a\,b\,c\,c\,d\,d$.

2) P. Card. 65 = Bertr. Carbonel 28, 40, 84, 90. $a\,b\,b\,a\,c\,c\,d\,d$.

3) P. Card. 21 = Bertr. Carb. 32 $a\,b\,b\,a\,c\,c\,d\,d$.

4) Peire Cardenal 3 *(ier, es, e, ats)* = Bertr. Carb. 48 $a\,b\,b\,a\,c\,c\,d\,d$.
$_{an,\ es,\ e,\ ats}$

5) P. Card. 53 = Bert. Carb. 33 $a\,b\,b\,a\,a\,b$.

6) P. Card. 62 = Bertr. Carb. 53, 57 und (Bertr. Carb. 14) $a\,b\,a\,b\,b\,c\,b\,b$.

7) P. Card. 49 = Bertr. Carb. 15 $a\,b\,b\,a\,c\,c\,u\,d$.
$_{en,\ o,\ os,\ atje}$

Dagegen lässt sich auch für diese Formen P. Card.'s Eigentumsrecht schwer aufrecht erhalten. Für P. Card. 53 ist das

Vorbild schon früher angeführt (cf. pag. 31 f.). Von den übrigen hier vertretenen Formen, die fast durchweg sehr einfach sind, wurden schon erledigt die von Ged. No. 65, 21 und 3 (vgl. p. 60 f.).

Betreffs der übrigen genügen wenige Bemerkungen. Bezüglich P. Card. 1 und 6 (cf. P. C. 8), beide mit dem gleichen Silbenschema und derselben Reimreihe ausgestattet, ist auf ein Gedicht Peirol's (B. G. 366, 20) hinzuweisen, welches im Jahre 1210 (Diez pag. 317), also jedenfalls früher als die betreffenden Gedichte P. C.'s, entstanden ist.

P. Card. 49, dem Schema: *a b b a c c a d* (10 S.) entsprechend, gehört demselben Typus wie die Form *a b b a c c a a d d* an, welche letztere P. C. in seinem 33. Gedicht im Anschluss an ein Gedicht von Folq. de Mars. (B. G. 155, 27) angewendet hat. Da in diesem Gedicht jedoch das Silbenschema ein anderes ist (cf. pag. 63), so wäre wenigstens die Einführung des 10-Silblers in unsere Form für P. Card. in Anspruch zu nehmen, desselben Versmasses, das Aim. de Peg. in einem leider nicht datirbaren Gedicht, dessen Bau demselben Grundtypus entspricht: *a b b a c c a d d* (B. G. 10, 10) angewendet hat, wenn nicht betreffs seiner Priorität gegenüber den Dichtern, welche in gleicher Form und gleichem Versmass gedichtet haben, wie P. C. 49, Bedenken sich geltend machten. Bertr. d'Alam 1, eine Tenzone mit Guigo de Cabanas, Rofian 1, ebenfalls eine Tenzone (mit Izarn), können zwar unberücksichtigt gelassen werden, obgleich wenigstens der erste von ihnen Peire's Zeitgenosse war. Aber Bern. de la Barta 3, von dem allerdings nur eine Cobla (in F) erhalten ist, kann unserem Dichter sehr wohl zum Muster gedient haben; seine dichterische Laufbahn fällt in dieselbe Zeit, wie die P. Card.'s; dies ergiebt sich aus seinen übrigen (drei) Liedern, von denen No. 4 nach Diez (Register) sich auf den Frieden zwischen Raimund VII. und der Kirche bezieht (1229); No. 1 dagegen eine Tenzone ist, welche von einem Trobador Arnaut (B. G. 25, 1ª: Bern. de la Barta, chauzit) ausgeht, demselben, der eine Tenzone mit dem Grafen von

Provence dichtete (B. G. 25, 1), unter dem Raim. Ber. IV. (1209—45) zu verstehen ist.

Demnach lässt sich auf Grund der im Verlaufe der Untersuchungen gewonnenen Erfahrungen die Frage nach der Priorität schwerlich zu Gunsten P. Card.'s entscheiden, wenngleich andererseits auch keinerlei Indicien zur Annahme einer Entlehnung vorliegen.

Die Form von P. C. 62 — $a\,b\,a\,b\,b\,b\,c\,c\,b\,b$ — ist eng verwandt mit der Form von P. C. 56, an welche ausser dem gleichen Versmass auch die für den Reim c in beiden Gedichten identische Reimsilbe $(c = ansa)$ erinnert. P. Card. 56 aber ist formell von B. de B. 25 (B. G. 80, 25) abhängig (cf. pag. 22 f.). Demnach würde auch hier nur eine Erfindung secundärer Natur P. Card. zu Gute kommen und selbst diese möchte ihm vielleicht noch streitig gemacht werden können durch G. Montanh. 10, das wohl nicht später als 1225 anzusetzen sein wird (Cobla 3).

P. Cardenal 8 und Guill. de Mur. 1, der Form $a\,b\,a\,b\,c\,c\,a\,a$ entsprechend gebaut, scheinen allerdings unabhängig von einander zu sein; wenigstens kann die aus lauter 7-Silblern bestehende Strophe Guillems de Mur nicht das Vorbild für P. Cardenal gewesen sein, schon deshalb nicht, weil dieser zur Zeit Guiraut Riquier's lebte (also in der 2. Hälfte des 13. Jahrh.), mit dem er mehrere Tenzonen dichtete (B. G. 248, 36; 37; 41; 42). Dagegen lässt sich in P. Card. 8 der Typus $a\,b\,b\,a\,c\,c\,d\,d$ wieder erkennen, den er in Gedicht No. 1 und 6 unter Zugrundelegung des auch hier auftretenden Silbenschemas: 10, 10, 10, 10, 8, 8, 10, 10 verwandt hat; die Reimreihe unseres Gedichtes (esa, es, ia, er) setzt denn auch die formelle Identität unseres Sirventeses mit diesem Gedicht ausser Zweifel. Damit tritt also P. C. 8 in Verbindung mit P. Card. 1 und 6 in nähere Beziehung zu denjenigen Gedichten anderer Trobadors, welche die Form $a_{10}\,b_{10}\,b_{10}\,a_{10}\,c_8\,c_8\,d_{10}\,d_{10}$ aufweisen. Unter diesen ist aber Peirol mit einem Gedicht gleicher Form vertreten, und dieser möchte wohl mit grösserem Rechte als der Eigentümer der Form anzusehen sein, als P. Cardenal (vgl. die Liste im Anhang).

Eine nähere Besprechung verdient endlich noch P. Card. 64, ein Estribot (Bartsch § 32, 7; Diez, Etym. Wtb.: 'estribo' und 'strambo'). Derselben Gattung gehört Palais 5 an (Zts. für rom. Phil. IV, 519). Es ist zu bedauern, dass von dieser Gattung uns nur diese beiden Gedichte erhalten sind, da uns dadurch die Charakteristik derselben erschwert wird. Zwar ist ihr Vorkommen in der provenzal. Poesie schon bei Raimbaut de Vaqueiras bezeugt (Bartsch § 32, 6); es ist demnach möglich, dass Peire Cardenal sich an ein verloren gegangenes Beispiel dieser Dichtungsart angelehnt hat. Mit dem italien. strambotto, welches Liebeslied bedeutet, lässt sich unsere Gattung offenbar nicht in Verbindung bringen; auch die Verzerrung wohlwollender Ritornelle in übelwollende, ernster in spöttische ist kaum damit zu vergleichen (Schuchardt, Ritornell und Terzine, pag. 114 f.). Aus den beiden vorliegenden Belegen ergeben sich folgende Merkmale: Ihrem Thema nach sind die Estribots Spottgedichte auf die Mönche als Verführer der Weiber. Ihre Form ist die Alexandrinertirade. Dieses Versmass (der 12-Silbler) scheint im Provenzal. nur einreimigen Strophen eigentümlich zu sein; es begegnet in folgenden Gedichten: P. Bremon 6, 14 (20); Sordel 24; 34; 37; B. d'Alam. 12; Uc de S. Circ 42; G. de S. Leid. 16; Dalfin. d'Alv. 9; Bischof de Clerm. 2; Guill. de la Tor. 11 und Raimb. d'Aur. 35; für eine bestimmte Gedichtgattung jedoch lässt es sich nicht als ausschliessliches Eigentum in Anspruch nehmen. In dem Estribot Peire Cardenal's gehen sämmtliche Verse, mit Ausnahme des letzten, auf -*atz* aus; in demjenigen von Palais, das nur aus 9 Versen besteht, auf -*utz*. Der Eingang beider Gedichte ist identisch: »Un estribot farai«. Beide Gedichte schildern die Unzucht der schwarzen Mönche in verwandten Ausdrücken, so P. Card. Zeile 28 f.:

»Quant els son dessus els cons son sagelatz
Ab las bolas redondas que pendon al matratz
Quan las letras son clauzas e lo trauc es serratz« u. s. f.
ähnlich Palais 5, Zeile 4 f.:
»Anz remanra lantars senes draps e sens lutz
Non ajas lo gazaing que faran las vertuz
Ab tant baissan las brajas et apres los trebuz
E met lil vert el con els coilz al cul penduz
Ec vos la domna morta el mongues esperditz«.

Wenn wir auch auf den gleichen Anfang beider Gedichte, weil äusserlicher Natur, nicht allzu grosses Gewicht legen dürfen, da in andern Gattungen, z. B. dem Sirventes, Aehnliches vorkommt, so kann doch die Verwendung eines ähnlichen Bildes zur Illustration der Unsittlichkeit der Mönche unmöglich auf Zufall beruhen. Aus diesem Grunde möchte ich für Palais Beeinflussung durch Peire Cardenal, der auf dem Gebiete der moralisirenden Dichtung Meister war, annehmen.

Wir haben im Beginne unserer Untersuchung constatirt, dass nur fünf Strophenformen bei Peire Cardenal ausschliesslich vertreten sind; man wird geneigt sein, sie als literarisches Eigentum Peire Cardenal's in Anspruch zu nehmen (cf. S. 7). Wie verhält es sich damit? Sind diese Strophenformen vielleicht teilweise aus den bei ihm sonst auftretenden Formen abzuleiten, oder stehen sie wirklich so isolirt da? Es sind folgende:

$a'_{10}\ a'_{10}\ b'_{10}\ b'_3\ b'_3\ b'_3\ c_6\ c_2\ b'_3\ c_6\ c_2\ b'_3\ c_6\ c_2\ b'_3\ c_6$ 68.
$a_8\ b'_6\ a_8\ b'_6\ a_8\ a_8\ b'_6\ a_8\ b'_6\ a_4$ 11. 12.
$a_3\ b'_6\ a_3\ b'_6\ a_3\ b'_6\ a_3\ b'_6\ a_3\ b'_6\ a_3\ a_3\ a_6\ b'_6\ a_3$ 38.
$a_4\ b'_6\ a_4\ b'_6\ a_4\ b'_6\ a_4\ c_6\ a_4\ b'_6\ a_4\ c_6\ a_4\ b'_6\ a_3\ c_6$ 52.
$a\ b\ a\ b\ c'\ b\ b\ c'$ (10 S.) 60.
en, ir,   ire

Wenn wir mit dem am einfachsten gebauten Gedichte (B. G. 335, 60) beginnen, so fällt zunächst auf, dass diese Strophenform $a\,b\,a\,b\,c\,b\,b\,c$ (10 S.) nicht mehrfach in der provenz. Litteratur vertreten ist. Der Typus, aus dem sie sich entwickelt hat, ist unverkennbar $a\,b\,a\,b\,c\,d\,d\,c$; an Stelle eines neuen Reimes in der 6. und 7. Zeile nahm unser Dichter den 2. Reim wieder auf. Charakteristisch an ihr ist die Reimreihe, welche Worte auf *ire* und *ir* enthält. Es existirt nun ein Gedicht von Gauc. Faidit (B. G. 167, 37), welches dieselbe Eigentümlichkeit an gleicher Stelle in der Strophe und seltsamer Weise auch die historische Vorbedingung unserer Form, $a\,b\,a\,b\,c\,d\,d\,c$, und das gleiche Silbenmass bietet. Ist bei dem nachgewiesenen Hang Peire Cardenal's zur Aneignung fremder Formen nun hier ein zufälliges Zusammentreffen wahrscheinlicher oder Entlehnung? (vgl. noch El. Barjols 7 und Guill. Anel. 2, in denen ebenfalls Reime auf -*ire* und -*ir* in derselben Strophe vorkommen und dazu Stengel, Zts. IV, 102; über die Gedichte, in denen Inf. auf *ire* und *ir* in gesicherten Reimreihen nebeneinander hergehen s. Fischer, Ausg. u. Abh. VI, 33 Anm.).

Der Bau von P. C. 68 ist scheinbar sehr unregelmässig, die Strophe lässt sich jedoch durch Zerlegung übersichtlicher machen und stellt sich dann so dar:

$a'_{10} a'_{10} b'_{3} b'_{3} b'_{3} b'_{3} \mid c_6 c_2 b'_3 \mid c_6 c_2 b'_3 \mid c_6 c_2 b'_3 \mid c_6$ atge, uelha, an

Es existiren nun noch drei Gedichte, deren Bau mit diesem Sirventes beinahe übereinstimmt, nämlich:

Raimon de Tors 1:

$a'_{10} a'_{10} b'_{10} b'_{3} b'_{3} b'_{3} \mid c_6 b'_6 \mid c_6 c_2 b'_3 \mid c_6 c_2 b'_3 \mid c_6$

Cobla 1: *ana, ensa, or*. Cobla 2: *ensa, ansa, enz*. Cobla 3: *ansa, einha, an*.

Guigo 2:

$a'_{10} a'_{10} b'_{10} b'_{3} b'_{3} b'_{3} c_6 b'_3 \mid c_6 c_2 b_3 \mid c_6 c_2 b_3 \mid c_6$ (Tenzone)

ia, aire, atz — C. 1. 2.
esa, assa, utz — » 3. 4.

Joan Lag 1:

$a'_{10} a'_{10} b'_{10} b'_{3} b'_{3} b'_{3} c_6 b'_3 c_6 b'_3 c_6 b'_3 c_6$ (Tenzone)

aire, ia, atz.

Es ist zunächst zweifellos, dass diese 4 Strophenformen in sehr enger Verwandtschaft zu einander stehen und sicherlich denselben Ausgangspunkt genommen haben.

Stellen wir zunächst auf Grund des überlieferten Textes die Differenzen fest; zusammen gehören P. Cardenal 68 und Raimon de Tors 1 einerseits, Guigo 2 und Joan Lag andererseits. Guigo oder Joan Lag werden schwerlich die Erfinder der Form sein, da die Nachahmung der Strophenform einer Tenzone bei Peire Cardenal nicht belegt ist und auch in der übrigen Literatur kaum hierfür ein unzweifelhafter Beleg sich beibringen lässt.

Eine Einteilung der Strophe P. Cardenal's 68 ergiebt von der 7. Zeile an drei congruente Teile, nämlich dreimal die Gruppe von je 3 Versen nach dem Schema: $c_4\ c_2\ b'_5$, worauf ein die Strophe schliessender männlicher 6-Silbler folgt. Dieselben congruenten Gruppen von Versen sind in der Strophenform von Raimon de Tors unschwer zu erkennen, nur dass hier der ersten Gruppe der an zweiter Stelle bei Peire Cardenal auftretende Zweisilber fehlt, und an Stelle des 5-Silblers (im 9. Verse Peire Card.'s) hier in der entsprechenden 8. Zeile ein weiblicher 6-Silbler steht, welcher aber höchst wahrscheinlich — das Lied ist nur in M erhalten — der schlechten Ueberlieferung zur Last zu legen ist, so dass bis auf das eben bemerkte Fehlen des ersten Zweisilblers (Zl. 8) die Uebereinstimmung mit P. Card. gewahrt bleibt.

Bei der zweiten Gruppe (Guigo 2 und Joan Lag 1) ist die bei Peire Cardenal 16zeilige Strophe in eine 13zeilige zusammengeschmolzen, und zwar in Folge des Umstandes, dass der 2-Silbler in dem vorhin erwähnten Strophenteil ausgelassen ist, so dass also die drei congruenten Versgruppen nur aus je 2 Versen (einem männlichen 6- und einem weiblichen 5-Silbler) aufgebaut sind; zwar tritt dieser 2-Silbler bei Guigo 2 wieder auf, indem hier der 5-Silbler in einen Zwei- und Dreisilber zerlegt erscheint; das Versmass der Strophe aber bleibt dadurch unverändert.

Bei der Entscheidung der Frage nach dem Erfinder dieser kunstvollen Strophenform kommen, wie schon bemerkt, nur P. Card. und Raimon de Tors in Betracht; allein eine Prüfung des Inhalts beider Gedichte, die hier bei dem Fehlen sonstiger Indicien das einzige Hilfsmittel bildet, führt zu keinem Resultat. Peire Card.'s Lied ist ein persönliches Rügelied gegen Esteve de Belmont, denselben Edelmann, der in 19 und 65 der Gegenstand von Peire Card.'s Erbitterung ist (Diez 461, vgl. pag. 20 und 335, 19 Torn.). Seine Abfassungszeit bleibt daher, wie die von 19 und 65, unbestimmt.

Auch die wegen der schlechten Ueberlieferung allerdings schwer verständlichen Anspielungen in Raimon de Tors' Gedicht weiss ich nicht zu deuten; Raim. de Tors gehört der zweiten Hälfte des 13. Jahrhunderts an; wenigstens sind in dieser Zeit seine übrigen Lieder, No. 4, 2 und 3 (vgl. pag. 48 und Diez 602) sicherlich entstanden. Demnach mag für diesen Fall die Priorität wohl auf Seiten P. Card.'s sein.

Zu P. Card. 52, dessen Strophenform dem Schema:
$$a_4\ b'_4\ a_4\ b'_4\ a_4\ b'_4\ a_4\ c_4\ a_4\ b'_4\ a_4\ c_4\ a_4\ b'_4\ a_4\ c_4$$
entspricht, findet sich ebenfalls ein Gedicht von ähnlichem Baue; es ist Marcabrun 32 (vgl. P. Card. 43 und 46):
$$a_4\ b_6\ a_4\ b_6\ a_4\ b_6\ b_4\ a_6\ c_4;$$
es ist schwer, hier nicht eine Beziehung zwischen P. Card. und Marc. zu vermuten. Die Uebereinstimmungen erstrecken sich auf Folgendes: das Silbenschema beider Strophen ist das gleiche; für den Reim c ist in beiden Gedichten das Princip der Durchreimung befolgt (bei P. Card. = *or*, bei Marcabr. = *o*); die Reime a und b wechseln in beiden Gedichten; bei Marcabr. alle 2 Cobla, bei P. Card. von Cobla zu Cobla; Marcabr. hat 10 Coblen, P. Card. 5 Coblen. Nur das Geschlecht der Reimsilben ist an den correspondirenden Stellen verschieden, indem bei P. Card. männliche Reime auftreten, wo Marcabr. weibliche hat, und umgekehrt.

Betreffs P. Card. 38 endlich kann die Form einer Canzone von Bernart de Ventadorn verglichen werden (B. G. 70, 25), ihre Strophenform stellt sich so dar:
$a'_s\ b_6\ a'_s\ b_6\ a'_s\ b_6\ a'_s\ b_6\ a'_s\ b_6\ a'_s\ b_6$ (7 Cobl.),
die P. Card.'s entspricht diesem Schema:
$a_s\ b'_6\ a_s\ b'_6\ a_s\ b'_6\ a_s\ b'_6\ a_s\ b_3\ a_3\ a_3\ a_s\ b'_6\ a_s$ (5 Cobl. 1 Torn.)
Die Unterschiede im Bau sind unbedeutend; auch hier sind die correspondirenden Reime, vielleicht absichtlich, von verschiedenem Geschlecht. Bemerkenswert aber ist das gleiche Silbenschema, das wohl kaum zufällig übereinstimmt.

Demnach steht Peire Cardenal's Autorschaft betreffs dieser Form auch auf sehr schwachen Füssen, und es wird wenigstens bedenklich, diese Form als nicht beeinflusst von der Bern. de Ventad.'s anzusehen, den er wiederholt formell copirt hat (vgl. S. 10—19).

Es erübrigt noch P. Card. 11 und 12, der Form
$a_3\ b_4\ a_4\ b_4\ a_3\ a_4\ b_4\ a_3\ b_6\ a_4$
entsprechend, gebaut; für diese Form sind mir bisher keine Analogien begegnet.

Das Silbenschema beider Gedichte ist vollständig übereinstimmend; eine Verschiedenheit zeigt sich darin, dass bei Gedicht No. 12 von Cobla zu Cobla Reimwechsel für *a* eintritt, in Gedicht No. 11 nur Cobla 1 und 2 verschiedene Reimsilben an derselben Stelle haben, von Cobla 3 ab jedoch Durchreimung auf Grund der Reimreihe *e, ia* befolgt ist. Diese auffällige, nicht gebräuchliche Art von Reimablösung wird schwerlich dem Dichter zur Last gelegt werden können; die Vermutung liegt nahe, dass Cobla 1 und 2 nicht ursprünglich zu unserem Gedichte gehören; sie würden viel besser formell zu Gedicht No. 12 passen, wenn der Zusammenhang nicht dagegen spräche. Da No. 11 eine Canzone ist, in der der Dichter, unter heftigen Schmähungen gegen die Liebe, von seiner Geliebten Abschied nimmt (Cobla 5), so wird sie wohl dem Sirventes (B. G. 335, 12) zeitlich vorangehen; des letzteren Entstehungszeit lässt sich mit Hülfe der 1. Cobla ungefähr bestimmen; es ist vor dem Kreuzzuge Friedrich II. entstanden, ferner vor dem Kampfe Friedrich II. mit den lombardischen Städten, und endlich vor der Wiedereroberung von Vivarais durch den Grafen Raimon VII. von Toulouse (L'art de vérif. IX, 394), der in Cobla 3, 5 und 6 noch besonders erwähnt wird (1222—49); verbinden wir diese Angaben, so werden wir das Sirventes dem Jahr 1227 zuweisen müssen.

Hinsichtlich dieser fünf zuletzt besprochenen Strophenformen wird demnach die anfänglich (pag. 7) vermutete formelle Selbständigkeit, wenn auch nicht vollständig hinfällig, so doch immerhin bedeutend erschüttert; obgleich eine ganz getreue Nachbildung bei keinem dieser Gedichte vorliegt, bei mehreren (z. B. P. C. 11 und 12 und P. C. 68) sogar die eigene Erfindung wenigstens discutirbar ist, so bestätigen doch diese fünf (sechs) Gedichte im Allgemeinen von Neuem die allseitig erkennbare formelle Abhängigkeit P. Card.'s von seinen Vorgängern oder Zeitgenossen.

Anmerkungen.

1. (S. 1). Es gilt für die Strophen eines provenzalischen Liedes dasselbe, was Tobler (Vom franz. Versbau alter und neuer Zeit pag. 11 f.) für die altfranz. strophische Dichtung dargethan hat. Die vereinzelt vorkommenden Ausnahmen sind vielfach nur scheinbar, oder durch eine besonnene Textemendation zu beseitigen. In Strophen, wie den folgenden:

$a_7 \widehat{b'_6 a_6 b'_6} a_6 \widehat{c'_7 c'_7} a_7$ (Bertr. de Born. 39)

$\widehat{a_8 b_8} a_8 b_8 c_4 d_8 c_4 d_8 e_{10}$ (B. de Vent. 10)

$a_7 b_7 b_7 a_7 c_7 c_7 d_8 d_7$ (Guir. de Born. 43)

$a_8 b_8 b_8 a_8 c_8 d_4 d_8 e_8 e_8$ (P. Raim. de Tol. 13)

$a_7 b_8 b_7 a_7 c_7 c_7 d_{10} d_{10}$ (Raim. Mirav. 22)

$a_6 a_6 a_6 b_4 c_6 c_{10} c_4 c_6 d_{10} d_{10}$ (Folq. de Mars. 8)

$a_8 b_7 b_8 a_8 c_7 c_8 d_8 d_8 e_8 e_8$ (P. Bremon. 1)

$a_6 b_6 b_6 a_6 c_6 c_6 a_4 a_4 a_6 d_6 d_{10}$ (P. Raim. de Tol. 15)

wird man das Silbenschema nicht als im Widerspruch mit der Reimanordnung stehend betrachten; auch die folgende Strophe wird man nicht als Ausweichung auffassen:

$a_6 b_6 b_6 a_6 c_6 c_6 d_6 d_6 e'_7$;

weil hier zwar im letzten Vers ein anderes Mass inne gehalten ist, aber noch kein Widerspruch mit der Strophenform zu Tage tritt, und zwar deshalb nicht, weil die letzte Zeile nicht im Reime gebunden ist; ebensowenig anstössig sind die folgenden Strophen:

$a_7 b_7 b_7 a_7 c_7 d_8 c_8 d_8 d_8 e_8 e_8 f_7 f_7$ (Caden. 21) und

$a'_7 a'_7 a'_7 b_3 a'_7 b_7$ (Marcabr. 18),

weil hier der die 4. (bezw. 8.) Zeile füllende 3- (bezw. 1-) Silbler ein Refrainwort ist, also gleichsam ausserhalb des strophischen Gefüges steht.

[Auch die aus ganz oder teilweise congruenten Theilen aufgebauten Strophen sind der provenzalischen Lyrik nicht fremd, so:

$a'_1b_2a_3b_4a'_5b_2a_3b_5c_3c_4b_6b_7$ (Peirol 8);

$a'_2b_6a'_3b_6a'_5b_6c_2c_6a'_3b_6c_2c_6d'_{10}d'_{10}d'_{10}$ (Raimb. de Vaq. 32);

$a'_4b_4|a'_4b_4|a'_4b_4|a'_4b_4|c_2c_2d_4|c_2c_2d_4|e_5e_5|e_5e_5|a'_4f_5|a'_4f_5$
(Joan. Esteve 4);

$a_7a_3a_3a_7, | b_6b_3b_3b_7, | c_7c_3c_3c_7, | d_7d_3d_3d_7,]$. (Raim. de Tors 2).

Dagegen ist der Widerspruch in folgenden Strophenformen zwar offenbar vorhanden, aber nicht gerade störend:

$a'_7a'_7a'_7b_7a'_7b_8$ (Guill. IX, 6; cf. p. 2)

$a_7b_8a_8b_8b_8b_8b_8b_8$ (Guill. Fig. 4)

$a'_{10}b'_{10}a'_7b'_{10}c_7c_7d_7d_7$ (Guill. de St. Leid. 12 (Da 765))

$a_7\overparen{b_4c_3}b_3d_4e'_5f_7f_3g_4h_5h_7$ (Guir. de Born. 48)

$a_6b_3a_6b_3a_6b_6c_3c_3c_5d_5d_4$ u. a. (Joan Esteve 5. Vgl. auch Anmerkg. 3).

2. (S. 6). Wo diese Formen P. Cardenal's noch in der übrigen prov. Literatur vorkommen, ergiebt die folgende Zusammenstellung, in der, mit Ausnahme von 335, 14 [Lehrgedicht in 6 Silbl., gedr. M. G. 1245 R.), 335, 23 (Tenzone zwischen Uc de Maensac und P. Card.) und 335, 35 (mir nicht zugänglich) sämmtliche Gedichte P. Card.'s berücksichtigt sind. Die cursiv gedruckten Strophenformen kommen nur bei P. Card. vor.

1 aaaaaa u. s. f. (12 S.) (Estribot) : 64 = Palais 5 (Estribot) cf. p. 79.

2 a'a'a'a'a'a' bbbbb (8 S.) Reimw. für a : 19 = Bertr. de Born 37 — Mönch v. Mont. 10 cf. p. 19.

3 $a'_7a'_7a'_7a'_7a'_7b'_8a'_7b'_8$ Reimw. für a:45 = B. de Born 13 — Guir. de Born 69 cf. p. 21 und Anm. zu p. 21.

4 a'a'a'b (7 S.) Reimw. für a:27 = Guillem IX 10 — Marcabr. 23 — Uc Catola 1 — Gausb. de Poic. 4 — 461, 113 — Torcaf. 1 — Guill. Rain. d'At. 3 — Mönch v. Mont. 13 cf. p. 67.

5 aaabbc'bc'dddd (6 S.) : 81 = P. Vidal 13 — Gar. d'Apch. 7; 8 — Raim. de Tors 6 cf. p. 35.

6 $a_3a_6b'_6a_3a_6a_6b'_6a_3c_6c_6d'_6c_5c_6d'_6c_5c_6$: 32 = Gauc. Faid. 32 cf. p. 42.

7 $a'_5a'_5b_3a'_3a'_5b_3c'_5c'_5b_3c'_5c'_5b_3d'_3d'_5b_5d'_3d'_5b_5$:10. cf. p. 70.

8 $a'_{10}a'_{10}b'_{10}b'_5b'_5b'_5c_6c_2b'_5c_6c_2b'_5c_6c_2b'_5c_6$:68. cf. p. 81 f.

9 $a_3a_4b_6c_4c_4b_6$ (Sermons) :42 = Marcabr. 16; 20; 41; 43 — Guir. de Cabr. (Ensenh.) — Guir. de Calanso (desgl.) — P. d'Alv. 8; 10 — Guill. Godi 1 — Raim. Jordan 13 — vgl. noch Marcabr. 24 — *P. Card.* 10 — Raimb. d'Aur. 3 — Guir. del Oliv. d'Arle 14 cf. p. 68 f.

— 10 ab'ab'aab' (10 S.) :66 = Bern. de Vent. 12 · · G. Mont. 6 — Guill. de la Tor 3 — 461, 16 cf. p. 15.

11 $a_8 b'_8 a_8 b'_8 a_8 a_8 b'_8 a_8 b'_8 a_4$:11,12. cf. p. 84.
12 $a_5 b'_5 a_5 b'_5 a_5 b'_5 a_5 b'_5 a_5 b'_5 a_5 a_5 a_5 b'_5 a_5$:38. cf. p. 85.
13 a'ba'ba'ba'ba'bc'c' (7 S.; zwei Refrainz.) :70 = Sordel 1; Bertr. d'Alam. 15; Guir. Riq. 65 cf. p. 71.
14 $a_4 b'_4 a_4 b_4 a_4 b_4 a_4 b_4 c_4 c_4 b'_4 c_4$ (Reimw. für a und b) :46 = Perdigon 15; Peirol 15 cf. p. 72.
15 $a'_7 b'_7 a'_7 b'_7 a'_7 b'_7 a'_7 b'_7 c_6 c_6 c_7 b_3$ (Reimw.) :25 = B. de Vent. 44; P. Bremon. 9 cf. p. 11.
16 $a'_6 b_6 a'_6 b_6 a'_6 b_6 a'_6 b_6 c_6 c_6 c_6 d'_6 d'_6 c_6$ (Reimablös.) :43 = G. de Cabest. 5; Bern. Sic. 1 cf. p. 32.
17 $a_8 b'_8 a_8 b'_8 a_8 b'_8 a_4 c_8 a_8 b'_8 a_4 c_8 a_8 b'_8 a_4 c_8$ (Reimw. für a und b.) :52. cf. p. 83.

18 $a'_7 b_3 a'_7 b_3 \overset{\frown}{b_3 a'_7 b_3 a_6}$:29 = Guir. de Born. 77; Arn. Daniel 16; Guill. de la Tor. 10; Guill. de Biarn. 1; Raim. Mir. 1; 461, 56; 107; Peirol 19; 26 cf. p. 46 und Anm. 1.
19 ababbc'c'b (10 S.) :56 = B. de B. 25; Raimb. de Vaq. 15; Blacatz 3; Faure 1; 461, 43 cf. p. 22.
20 ababbc'c'bb (10 S.) :62 = Bertr. d'Al. 8; 13; Guill. Mont. 10; Luq. Gatel. 1; Bertr. Carb. 14; 53; 57 cf. p. 76, 78.
21 $a_8 b_8 a_8 b_8 b_8 c_8 c_8 c_8 d_{10} d_{10}$:51 = Gauc. Faid. 56; Uc de S. Circ 29; Bertr. Carb. 63; 82; 461, 123a cf. p. 43.
22 $a_8 b_8 a_8 b_8 b_8 c_7 d_8$:15 = Jaufre Rudel 6 cf. p. 31.
23 ababc'bbc' (10 S.) :60 cf. p. 80.
24 ababc'bc'b (10 S.) :30 = B. de B. 19; P. Brem. 18; Guigo de Cab. 3; R. Gauc. 6; Guill. de Mur 2 cf. p. 25.
25 $a'_{10} b_{10} a'_{10} b_{10} c'_8 c'_8 a'_{10} a'_{10}$:8 = G. de Mur cf. p. 78.
26 a'b'a'b'ccb' (10 S.) :24 = P. Vidal 19; 40; Uc de S. Circ 22; 5 (Lanz. Marq. 1); Pal. 3; G. Mont. 5; 461, 79 cf. p. 37.
27 $a_7 b_7 a_7 b_7 c_7 c_7 d'_{10} d'_{10}$:9 = Gui d'Uisel 7 (461, 251) cf. p. 75.
   2) abc 8 S.; d 10 S. cor Refrainz. : 17 = Bern. de Vent. 41 cf. p. 11.
   3) 10 S; c w.:67 cf. p. 62.
   4) ab 8 S.; cd 5 S. :40 = B. de Born 20 cf. p. 22.
   5) ac w.; abd 10 S.; c 8 S. :1; 6 = Peir. 20; Alex. 1; Templ. 1; Bertr. d'Alam. 10; Aust. d'Orl. 1! Bern. de Rov. 2; Jacm. Mote 1; B. Carb. 5; 23, 26; 73; 91; 461, 204 cf. p. 77.
   6) ab w. und 10 S.; cd 10 S. : 44 (vgl. Guill. de S. Leid. 8); cf. p. 62.
   7) 7 S. :55 = B. de Vent. 6 cf. p. 13.
   8) 10 S. :57 = B. de B. 34; B. de Paris 1; Raim. Mir. 43; G. de S. Leid 3; Joan d'Alb. 3; R. Gauc. 3; B. Carb. 87; 461, 33; 80 cf. p. 26.
28 $a_7 b_7 a_7 b_7 c_7 d_{10} c_{10}$:20 = B. de B. 11; P. d'Alv. 15; Marcabr. 34; 39; Rost Ber. 1 (Bort del rei d'Ar. 3) cf. p. 28.
29 ababcdcd (8 S.) :58 = B. de Vent. 43; Joan. Est. 10; Guill. Anel. 1 cf. p. 14.

89

30 $a_5 b_5 a_5 b_5 c'_5 d_5 d_5 c'_5 d_5 d_5$:7. = G. de Born. 51, 52; Folq. de Rom. 11; Dalfinet 1; Guill. Fabre 1; Sordel 25; G. de S. Greg. 1; B. de Carb. 76; Guir. Riq. 20; 461, 21 cf. p. 50.

31 $a'_7 b_7 a'_7 c'_7 d_5 d_5 e'_7$ (weibl. Vokalr.) :61 = Bern. de Vent. 26 cf. p. 11.

32 abbaab (männl. Vokalr.; 8 S.) :53 = Jaufre Rudel 3; B. Carb. 33; Guill. IX 8; B. d'Al. 16; B. Marti 6; 461, 140a (vgl. 461, 52) cf. p. 31.

33 abbaabba (8 S.) :47 = Bertr. 3; Aim. de Peg. 43; B. de Vent. 40; 461, 63; P. Brem. 17; Sordel 22; Lamb. de Bon. 1; Marcabr. 3; Matfr. Erm. 5; Donna de Villanova 1; 461, 23 cf. p. 16.

34 abbaacc (10 S.) :34 = Arn. de Mar. 3; Sordel 29; Peir. 5, 28; Uc de S. Circ 39; 461, 235; B. de la Barta 4; Aim. de Peg. 27; Folq. de Mars. 17; B. Marti 5 cf. p. 57.

35 abbaacca (8 S.) :5; 54 = Gar. d'Apch. 3; Guir. del Oliv. 36 cf. p. 75.

36 $a_7 b_7 b_7 a_7 a_7 c_7 c_8 a_5 a_7$:18 = Gausb. de Poic. 1 cf. p. 73.

37 abbaaccd'c (Reimabl. 7 S.) :41 = Caden. 5; Ebl. d'Uis. 3; B. de Gordo 1 cf. p. 74.

38 $a_{10} b_{10} b_{10} a_{10} a_5 c_5 c_5 d_5 d_5 e_2 e_7$ (Refrainr. »claue«) :13 = Raimb. de Vaq. 19; Guir. de Cal. 10; El. Cair. 12; P. Bremon 16; Mönch 2; Lanfr. Cig. 9; G. Fabre 2; cf. p. 54.

39 ab'b'aacd'd'cc (10 S.) :26 = Gauc. Faid. 15; Blacasset 8; Cad. 13, 24; Lanfr. Cig. 28; Marq. 2; Sord. 16; Ralm. 8; 461, 76, 135 cf. p. 44.

40 $a_7 b_7 b_7 a_7 c_5 c_7 a_7 a_7 d_5 d_7$:35 = P. Raim. de Tol. 15; Folq. de Mars 14, 27; Rost. Ber. 7 cf. p. 63.

41 abbaccad' (10 S.) :49 = Bertr. d'Al. 1; Rofian 1; Bertr. Carb. 15; Bern. de la Barta 3 cf. p. 77.

42 $a_7 b_7 b_7 a_7 c_5 c_5 c_5 c_5 c_7$:50 (s. 46) cf. p. 65.

43 $a_{10} b'_{10} b'_{10} a_{10} c_5 c_5 d_5 c_5 e_5 f_5 f_5 c_5 c_5 c_7$:2 = B. de B. 26;' P. Raim. de Tolosa 9 cf. p. 24.

44 abbaccdd (10 S.) :21 = Gui d'Uis. 19 (Sav. d. M. 1); Guillalm. 1; Guir. Riq. 34; B. Carb. 32; 461, 45, 48, 173 cf. p. 61 — 2) *ab* 8 S.; *cd* 10 S. :3 = B. Carb. 48 (drei Reime gleich) cf. p. 62. — 3) 10 S.: 39 cf. p. 62. — 4) 10 S. :16, 37 = P. Vidal 4; Uc de l'Escura 1; Dur. sartre 1; P. Pelissier 1; 461, 130 cf. p. 38. — 5) 10 S.; *c* w.: 4 = Aim. de Peg. 15; Sordel 6; Perdigo 1; 461, 231 cf. p. 60. — 6) 10 S.; *c*. w. :65 = Arn. d. Mar. 16; G. Mont. 1, 13; Blacass. 1; Alaid. Yseld. 1; Esq. 1; Guir. Riq. 74; P. Imb. 1; Pujol 2, 4; Lant. 2; B. Carb. 28, 40, 84, 90 cf. p. 60.

45 abbac'ddc' (10 S.; Reimw.) :69 cf. p. 63.

46 abbacd'd'cc (7 S.) :48 = R. Mir. 12; Ponso 2; P. Vid. 37; Uc de S. Circ 4; Vesc. de Tor. 1; 461, 96 cf. p. 64. — 2) 7, 7, 7, 5, 5, 5, 5, 7: 50 (s. 42) cf. p. 65.

47 abbac'ddc'eeff (7 S.) :28 = Raimb. de Vaq. 18; Guir. Riq. 24; B. Carb. 7; Guir. del Oliv. d'Arle 44, 73 cf. p. 53.

48 *Descort* :36; 59; 63 s. p. 6 f.

3. (S. 11). Der männliche 7-Silbler in der vorletzten Zeile, der an dieser Stelle der Strophe einen Widerspruch mit dem Reimschema hervorruft, findet sich in allen Coblen; man wird daher, um diesen Widerspruch in etwa zu mildern, Vers 9 und 10 einerseits als zusammengehörig betrachten, andererseits Vers 11 und 12 eine metrische Gruppe nach Analogie der Gruppe a', b'$_s$ bilden lassen; allerdings wird dadurch die Symmetrie mit dieser Gruppe nicht vollständig hergestellt [vgl. noch: El. Cairel 4: a, b, c, d, e$_s$ e$_s$ e$_{10}$, wo ebenfalls der zweitletzte Vers für sich allein dasteht].

4. (S. 13). Folgende Strophenformen haben spätere Trobadors Bern. de Ventadorn entlehnt:
1 a'aa'aaa'a'a (7 S.) grammat. Reim : Bern. de Vent 9 — mit etwas anderer Anordnung der grammat. Reime bei Uc de Murel 1; Bort. del rei d'Arago 2 (Rost. Ber. 2) und Guir. de Calanso 4. (?)
2 aabaab (10 S.) : Bern. de Vent. 11 — Peire Milon 1.
3 a'ba'ba'bba' (7 S.; alle 2 C. Reimw.) : Bern. de Vent. 4 — Granet 2.
4 a$_s$b', a$_s$b', b', a$_s$a$_s$b', (alle 2 C. Reimw.) : Bern. de Vent. 19 — Beatrix de Dia 1; cf. Raim. Mir. 35.
5 a$_s$b$_s$a$_s$b$_s$c$_s$d'$_7$d$_7$c'$_s$: Bern. de Vent. 17 — Gavauda 6.
6 abbacca (8 S.) : Bern. de Vent. 32 — Aim. de Bel. 16; P. Bremon. lo Tort. 1.

Auch die meisten seiner übrigen Formen kehren in der übrigen Literatur wieder (vgl. die Liste sämmtlicher Strophenformen im Anhang), doch liegt hier vielfach ein anderes Versmass, oder eine andere Reimreihe, oder endlich eine andere Art der Reimablösung u. s. w. vor.

5. (S. 17). Refrainreim. Marcabrun hat noch in folgenden Gedichten den Refrainreim:
 B. G. 293, 19: *cuidar*, Reimwort der 5. Zeile jeder Cobla.
  » 35: *lavador* » » 6. » » »
  » 18: *escontats* » » 4. » » »
     zugleich Refrainzeile.
 B. G. 293, 31: *ai* und *hoc*, Reimwort der 5. (bzw. 8.) Zeile jeder Cobla, zugleich Refrainzeilen.

6. (S. 19). Folgende Formen Bertran's de Born. sind ferner nachgebildet (vgl. Stimming pag. 100; Bartsch, Zs. III, 409):

1 a'$_7$a'$_7$b$_s$b$_s$a'$_7$a'$_7$b$_s$b$_s$a'$_7$a'$_7$b$_s$a'$_7$ [B. de Born. 9]: von Bertol. Zorgi 17; Peire Guillem 5; Uc de San Circ 28 und 38.
2 a'ba'bbba' (10 S.) [1. 31]: v. Pons Santolh 1; Guill. Montanh. 12.
3 a$_s$b$_s$a$_s$b$_s$c'$_{10}$c'$_{10}$c'$_{10}$c'$_{10}$: [5] v. Blacatz 8; Raim. Miraval 21.
4 ababc'c'dd (10 S.): [33] Sordel 20.
5 abbaabc'bc'b (8 S.) : [10] v. Gauc. Faidit 58.
6 abbacabc (7 S.) : [8] Folq. de Mars. 12; Mönch v. Mont. 12; Palais 2.
7 a'$_7$b$_s$b$_s$a'$_7$c$_7$c$_7$d$_{10}$d$_{10}$: [18] Fortunier 1. (s. Anhang u. Em. Levy, G. Fig., Einltg.)

8 $a_8 b_8 b_8 c'_7, b_8 b_8 c'_7$: [24] v. Lantelm d'Aig. 1; Guill. Raimon 4; Mola 1.

9 a b b c' d d e e f f : [12] v. Aim. de Peg. 40.

10 a b c a d e f f : (10 S.) [42] v. Raim. Jordan 6.

Die Priorität ist zweifelhaft bei B. de B. 15 und P. Vidal 18; bei B. de B. 28 und P. Vidal 25 [a a b a a b (10 S.) und a b b c c d d e' (7 S.)]; bei Bertr. de Born. 39 und G. de Berg. 11.

B. de Born ist selbst Nachahmer in folgenden Formen:

$a_8 a_8 b_8 b_8 c'_7, b_8 c'_7$: [16] v. Raimb. d'Aur. 5 und

a' b b c d' e f f b f : [3] v. Raimb. d'Aur. 3.

a' b c d' e f g h' (10 S.): [29] v. Arn. Daniel 17.

7. (S. 20). Bertran de Born scheint mit Vorliebe Eigennamen im Anfange der Coblen oder der Verse zu verwenden, wenigstens kommt dies verhältnismässig häufig vor; so steht: Rassa im Anfang von 27, Cobla 5; 34, Cobla 5; 36, C. 1; 37, Cobla 1, 2, 3, 4, 5. Senher Conratz: 4, Cobla 2 (= 17, Cobla 4), 3, 4, 5, 6. Fulheta: 16, Cobla 1, 3; 17, Cobla 1. Na Tempra: 16, Cobla 4 und Torn. Mailolis: 24, Cobla 1. Mariniers: 37, Torn. Senher: 26, Cobla 2, 4, 5. Peire Cardenal hat den Namen Esteves in ähnlicher Weise, wie hier, um rhetor. Wirkung zu erzielen, noch in seinem Gedicht 65 verwendet, wo er in Cobla 3, 4, 5, 6 im Beginne, in den übrigen innerhalb steht (vgl. noch rica hom (mals) in Gedicht No. 45, Cobla 1, Zeile 4, Cobla 2, 3, 4, 5 in der ersten Zeile).

(S. 21). Mit der Form des Sirventeses Peire Cardenal's stimmt indessen, wie ich nachträglich finde, ein Gedicht eines wenig bekannten Trobadors metrisch genauer überein, nämlich Tomier 2 (B. G. 442, 2), dessen Strophen dem folgenden Schema entsprechen:

$$a'_7, a'_7, a'_7, a'_7, a'_7, b'_7, c'_7, b'_5.$$

Dass die Form Peire Cardenal's davon nur eine Modification ist, liegt auf der Hand; es lässt sich jedoch nicht sicher entscheiden, welche von diesen beiden Formen die historische Vorbedingung für die andere gewesen ist. Der Umstand, dass Peire Cardenal zweimal eine vierreimige Form in eine dreireimige modificirt hat (vgl. P. Card. 8, 1 und 6; P. Card. 60 und Gauc. Fuid. 37; pag. 81), lässt auf den vorliegenden Fall keinen Schluss zu. Tomier 2 ist zwischen 1215 (Cobla 3, 7) und Juni 1218 (Cobla 4, 1) verfasst; da aber P. Cardenal's Sirventes, welches wegen seines allgemein gehaltenen Inhaltes zu einer nähern Datirung keinerlei Anhaltspunkte bietet, derselben Zeit angehören kann, so kann eine definitive Entscheidung nicht getroffen werden.

8. (S. 23). Aehnliche Parodien sind: Bereng. de Peizrenger 1 auf P. Vidal 14; 461, 202 auf Bern. de Vent. 37; Uc de S. Circ 15 auf Uc de S. Circ 34; Aim. de Belenoi 21 auf Alb. de Sestaro 13 (vgl. S. 33, 36 und 75; Zs. IV, 103).

(S. 27 unten). An Gui, den Vetter von Robert I., Dalfin d'Alvergne (Diez pag. 104 f.), der in P. Card. 28: 'L'afar del comte Guio' vielleicht gemeint ist, ist hier wohl nicht zu denken; vermutlich ist unser Guigo identisch mit jenem Gigo de Tornen oder Gigo de Torno, der in der Biographie der Iseut de Capnio (Mahn, Biogr. der Troub. No. 53) erwähnt wird. Tornels liegt in Randon östlich von Gevauldan am Ursprung des Lot; Tournon an der Mündung des Doux in die Rhône.

9. (S. 28). Hier nur die folgende Bemerkung: Es liegt auf der Hand, dass die Spruchdichter, wie Bertran Carbonel und Guir. del Oliv. d'Arle, ihr Hauptaugenmerk darauf richten mussten, durch eine möglichst populäre Sprache auf das Volk zu wirken; deshalb legten sie geringen Wert auf die formelle Einkleidung ihrer Sprüche, die jedenfalls auch eine andere Art des Vortrags erfuhren, wie die Lieder, sondern bewegten sich meist in sehr gewöhnlichen Strophenformen. Bertran Carbonel z. B. hat die Form ababccdd, eine der gewöhnlichsten der provenz. Poesie, in 10 Sprüchen, die Form ababcceddeeff in 7 Sprüchen, die Form abbaccdd in 14 Sprüchen, die Form abbaccddee in 4 Sprüchen u. s. f. (s. den Anhang und pag. 76).

10. (S. 32). Aehnlich beginnt Peire Baso 1 (B. G. 327, 1): Ab greu cossire; ich lasse hier, der Vergleichung halber, die Strophenformen der einzelnen Coblen dieses offenbar ebenfalls von Guill. de Cabest. veranlassten Gedichtes folgen; es wird sich herausstellen, dass diesem Dichter noch weniger als Bern. Sicart die Fähigkeit innewohnte, den kunstvollen Bau der Canzone Guill. de Cabest. nachzubilden; die Schemas für die einzelnen Coblen stellen sich so dar:

Cobla 1: $a'_4 b_6 a'_4 b_6 a'_4 b_6 a'_4 b_6 c_6 c_6 c_6 d'_6 d'_6 d'_6 e_6$
        ire,   en,   atz,   ona,   ar

» 3: $a'_4 b_6 a'_4 b_6 a'_4 b_6 a'_4 b_6 c_6 c_6 c_6 d'_6 d'_6 c_6 c_6$
    ensa, or,   atz,   onas

» 5: $a'_4 b_6 a'_4 b_6 a'_4 b_6 a'_4 b_6 c'_6 c'_6 d_6 d_6$
    esca, o,   aia, ar

Cobla 2, 4, 6 sind übereinstimmend gebaut, mit dem einzigen Unterschiede, dass Cobla 6 einen Vers weniger hat (= [b]):

$a_{10} a_{10} a_{10} a_{10} b_6 b_6 [b_6] c'_6 c'_6 d_6 d_6$

en,   *itz,*   *enda, ors*   Cobla 2
iers,   *ors,*   *ensa,* ar   » 4
en,   *ir,*   *ilhas,* ar   » 6.

Die cursiv gedruckten Reimsilben begegnen auch bei Guill. de Cabestanh 5.

11. (S. 41). S. Anmkg. 9 und pag. 76.

12. (S. 42). Ueber die Lebenszeit und die Abstammung dieser vielgefeierten Dame hat sich bisher nichts Sicheres entscheiden lassen. Da das Resultat der Untersuchung von Rob. Meyer, »Der Troubadour Gauc. Faidit« von Stengel (Jenaer Litztg. 1876 No. 49 und 1879 No. 25) als unhaltbar erwiesen ist, so muss die ganze Untersuchung, die davon auszugehen hat, dass in einer im Jahre 1183 abgeschlossenen Chronik nicht wohl von einer 1191 abgeschlossenen Heirat und zweier daraus hervorgegangener Kinder Erwähnung geschehen kann, von Neuem gemacht werden (vgl. Jahrb. XIV Suchier's Recension von Bischoff's Bernart de Ventadorn; Clédat, Du rôle historique pag. 29 und 63 f.; Stimming, Zts. III, 437; Suchier, Litbl. f. g. & rom. Phil. 1880 S. 140 f.; Paul Meyer, Dern. troub. pag. 465. Anmkg. 3; Revue crit. 1879. I. 480—85; Bibl. de l'Ecole des chartes 1879. XL. 1471 f.; Giorn. di fil. rom. II, 410).

13. (S. 45). Sie war die Tochter Azzo VII., Marchese d'Este e d'Ancona († 1264) und mit dem Grafen Uberto di Maremmo vermählt (Muratori, Antichità Estensi I, 428; Pigna, Historia dei principi di Este, pag. 184).

14. (S. 46). Es darf jedoch nicht ausser Acht gelassen werden, dass in Fällen, wie dem vorliegenden, sehr wohl ein Gedicht der gleichzeitigen Trobadors das unmittelbare Vorbild abgegeben haben mag; es scheint jedoch methodischer, den wahrscheinlichen Erfinder dann auch als Muster zu betrachten, wenn die übrigen Dichter keine schöpferische Originalität entwickelt haben.

15. (S. 47). Nach der Lebensnachricht gelten die meisten seiner Cansonen Saill de Claustra, einer Schwester des Dalfin's Robert I. von Alvergne (1169—1234), Sohnes Wilhelm VIII. von Alvergne († 1169) (nicht mit ihr in Beziehung stehen No. 4 und 20). Die Hist. g. d. Langued. berichtet (IV, 288 f.), dass diese Assalide um das Jahr 1181 sich mit Heraclius III. von Polignac vermählte, der 1201 starb, worauf sie eine zweite Ehe mit Berant I., sire de Mercoeur, einging; sie muss demnach, als sie von Peirol zum Gegenstande seines Gesanges gemacht wurde, schon in den 30ger Jahren gewesen sein. Ihr Sohn aus der Ehe mit Heraclius III. war Pons III, der seinem Vater schon 1198 in der Regierung folgte.

16. (S. 50). Zu den bisher bekannten Sextinen tritt noch die von Ponz Fabre d'Uzes (B. G. 376, 2: C 382a), in der die folgenden Reimworte auftreten: franh, frach, ferm, fort, pert, fer; die Ablösung geschieht nach dem gewöhnlichen Schema, sämmtliche Verse sind 8-Silbler, die Tornada nimmt nur nach Art der Canzonentornada die 3 letzten Reimworte der letzten Cobla auf. Im übrigen ist das Gedicht mit Alliterationen und Binnenreimen überladen.

17. (S. 51). Hiermit ist identisch: Folq. de Romans 13, wie schon Emil Levy in seiner Diss.: Der Troub. Guill. Fig. pag. 70 f. angeführt hat. Hier mag im Anschluss an die Berichtigungen von Groeber, Suchier, Stengel eine neue Reihe Verbesserungen zu Bartsch's »Verzeichnis der Troubadours« mitgeteilt werden: Aim. de Peg. 40 (B. G. 10, 40) s. 461, 131 — Arn. Catal. 2 (27, 2) = Arn. Catal. 5 (27, 5) — Arn. de Mar. 13 (30, 13) = Guir. lo Ros 8 (240, 8) — Arn. de Mar. 16 (30, 16) s. Raim. de Mir. 17 (406, 17) — Bertr. Carb. 77 (82, 77) = Uc Brun. 6, Cobla 5 (450, 6) — Bertr. Carb. 79 (82, 79) = Uc de San Circ 8, C. 3 (457, 8) — Cadenet 10 (106, 10) s. 461, 51 — Gauc. Faid. 40 (167, 40) s. 461, 200a (N, gedr. Riv. de fil. rom. II, 150) — Gauc. Faid. 52 (167, 52) s. Uc de S. Circ 37 (457, 37) — Gui d'Uisel 7 (194, 7) s. 461, 251 — Guir. lo Ros 8 (240, 8) s. Arn. de Mar. 13 (30, 13) — Guir. de Born. 20 (242, 20) = 242, 21 — Peire Card. 37 (335, 37) s. 461, 31 — P. Card. 57 (335, 57) s. 461, 163 — 339 vgl. 454, 1 — Peirol 32 (366, 32) = 366, 34 — 366, 32 s. 461, 160 — Raimb. d'Aur. 29 (389, 29) = 389, 36 — 406, 17 (Raim. de Mir.: Car vos am tan, domna, celadamenz (Q) ist wahrscheinlich identisch mit Cobla 2 von Arn. de Mar. 16 (30, 16): eu vos am, donna, tan celadamenz; das letztere Lied schreibt die Handschr. Q einem Raimundus zu, wodurch offenbar die Verwechselung mit Raim. de Miraval entstanden ist — Uc Brunet 6 (450, 6) s. 82, 77 — Uc de S. Circ 8 s. 82, 79 — Uc de S. Circ 37 (457, 37) = Gauc. Faid. 52 (167, 52) — 461, 21 steht in V als vorletzte Cobla von 233, 1 (cf. Clédat, Du rôle hist. pag. 120, Rom. XXX, 268) — 461, 31 = P. Card. 37 (335, 37) — 461, 51 = Cadenet 10 (106, 10) — 461, 131 = Aim. de Peg. 40 (10, 40, Cobla 4, Zeile 3 f.) — 461, 160 = Peirol 32, Cobla 4 (366, 32) — 461, 163 = P. Card. 57 (335, 57, Cobla 3 und 2 passim) — 461, 193 s. 461, 246 — 461, 200a (No. 85c) = Gauc. Faid. 40, Cobla 3 (167, 40) — 461, 220a

(Riv. di Fil. I, 40) = Perdigon 9, Cobla 3 — 461, 246 = Torn. von 461, 193 — 461, 251 = Gui d'Uisel 7, Cobla 5 (194, 7) — 461, 101 gedruckt M. G. I, 216 — 461, 210 gedr. M. G. I, 210 — 461, 236 nicht = Cobla von 457, 40 — Guill. Rainol d'At 2 (231, 2) vgl. Peire Vidal 16 (364, 16) und Guir. de Born. 21 (242, 21).

18. (S. 60). Dies ist das einzige seiner Gedichte, wodurch die Angabe der Lebensnachricht, er habe einer Gauseranda del castel de Lunel viele treffliche Canzonen gewidmet, etwas bestätigt wird. In seinen übrigen Liedern hat er andere Damen verehrt, so eine Esclarmonda in 5, 6, 7, 9, eine Guia oder Guiza in 7 und 11. Diez hat mehrere seiner Gedichte datirt und seine Lebenszeit in die 40er Jahre des 13. Jahrhunderts gesetzt. Diese Zeit stimmt auch zu der Lebenszeit des Königs Ferdinand III. von Castilien (1230—52), der mehrfach lobend erwähnt wird (in 2, 10 u. 13).

19. (S. 61). Peire Card.'s Gedichte sind vielfach mit rhetorischen Figuren versehen; die Figur der Anapher, der Wiederholung eines Wortes am Anfange der Sätze, ist sehr häufig anzutreffen; ferner die Verbindung der Sätze mit derselben Conjunktion durch ganze Coblen, ja sogar durch das ganze Gedicht, u. a.; eine Uebersicht davon mag die folgende Zusammenstellung geben: 31, Cobla 2, 7: *ab* tolre et *ab* trazir et *ab* ypocrizia, *ab* forsa et *ab* prezia — 31, Cobla 3, 2: *ab mons* de valor et *ab mais* de follor 3 mal — 66, Cobla 4, 3: *ab* tolre o *ab* dar u. s. f. 11 mal — 49, Cobla 2: *al* beure, *al* manjar u. s. f. 8 mal — 17, Cobla 2: *on plus de ... on mens ....* 4 mal — 47, Cobla 4: *mens* de .... *mais* de .... — 49, Cobla 4: *ab mais* de .... *ab meyns* de ... 7 mal. Fabel, Zeile 13 f. *l'us* trais peria, *l'autre* astelas, *l'autre* — 32, Cobla 3, Zeile 9 f.: *l'us* tolh, *l'autre* — 49, Cobla 1: greu ...... leu ... 7 mal — 70, 1: *vera vergena Maria* 12 mal — 7, Cobla 1, 2 f.: *ni'n* sent freidura *ni* calor 8 mal — 7, Cobla 2, 3: ni ... 11 mal .... bis Cobla 3, 9. — 61, Cobla 5, 8: non cre que .... ni que ... 5 mal (vgl. Serveri 9) — 58, Cobla 1: Anknüpfung mit *et* durch die ganze Cobla — 52, Cobla 2, Zeile 5 f.: *et* 6 mal — 47, Cobla 1, 3 f.*et* 5 mal (vgl. Raim. d'Avinho 1) — 2, Cobla 2, 2 f.: tot home *planc* quant ... e *planc* lo fort *quar* 6 mal — 2, Cobla 3, 1 f.: tot lo mon planc quar 2 mal — 2, Cobla 4: mout planc quar ... — 6, Cobla 2, 1: Wortspiel mit *corts* (in jeder Zeile mindestens 1 mal) — 13, Cobla 3: dreitz ditz ... tortz ditz (respon) 6 mal — 13, Cobla 4, 1: tortz ditz ..... dreitz ditz 4 mal — 49, Cobla 3, 2: els rics *an* pres enguan e tracis .... e *an* laissat condug .... 7 mal u. s. f.

Wir sehen also, dass Peire Cardenal die rhetorischen Figuren in reichem Masse verwendet hat; wenn dadurch in einzelnen Fällen die Schilderung lebhafter wird, so wirkt doch häufig die unverkennbare Sucht, diese Spielerei auf die Spitze zu treiben, ermüdend und führt zur Eintönigkeit, die um so mehr empfunden wird, als er fast ausschliesslich die Figur der Anapher verwendet hat. Dasselbe ist der Fall bei der übertriebenen Verwendung der Alliteration, wofür Gedicht No. 7, Cobla 5, 18, Cobla 5 und Torn. u. a. als Beleg angeführt werden können.

20. (S. 72). Refrainzeilen in Gedichten nicht volkstümlicher Gattung sind häufiger anzutreffen; hier interessiren uns zunächst diejenigen Gedichte, welche unserem Typus entsprechend (a b c oder a b a b c c u. s. w.) gebaut sind; unter diesen sind mehrere mit Refrainzeilen ausgestattet, so: Gauc. Faid. 50: a b a b a b c c (8 S.); Peire de la Caravana 1: a b a b a b c c c c (5 S.); Tomier 1: $a_1 b_1 a_1 b_1 a_1 b_1 c_1 c_1$; Peirol 18: $a_1 b_1 a_1 b_1 a_1 b_1 a_1 b_1 c_1 c_1 b_1 b_1$. Der Grundtypus aller dieser Formen (ohne

Refrainzeilen) ist zuerst bei Marcabrun zu belegen (B. G. 293, 14: ababcc (7 S.)); findet sich dann in mehr oder weniger modificirter Gestalt bei Bertran de Born, Raim. Miraval, Raimb. de Vaq., Guir. d'Espaigna u. a. (vgl. die Liste sämmtlicher Strophenformen im Anhang). Unserer Form am nächsten stehen Tomier 1 und Gauc. Faidit 50; mit dem ersteren Dichter trat P. Card. auf Grund des metrischen Baues von Gedicht No. 45 in engere Beziehung (vgl. Anmerkung zu Seite 21); das vorliegende Gedicht — ein Sirventes — muss zwischen 1215, dem 4. grossen lateranischen Concil (Cobla 4) und der Eroberung von Damiette (November 1219; Cobla 6) verfasst sein; es ist daher möglich, dass Peire Cardenal von diesem Sirventes beeinflusst ist; jedenfalls ist Peire Card. nicht derjenige, welcher zuerst Refrainzeilen in Gedichte nicht volkstümlicher Gattung eingeführt hat; schon bei Marcabrun findet sich der Ansatz dazu (293, 18 und 31); Peirol 18, Guill. Ademar 6, Uc de San Circ mögen als weitere Belege gelten. Eine kleine Blumenlese solcher Gedichte, in denen Refrainzeilen vorkommen, möge hier folgen: Guill. de Berg. 8; Joan Esteve 4; Joan Esteve 11; 461,198; Folq. de Romans 8; Guillem Evesque 1; 461, 241; Guir. d'Espaigna 9; Peire Vidal 12; Daspols 1; Marcabrun 18, 31; Peire de la Caravana 1; Bern. de Rovenac 4; Bertran Folco d'Avignon 2; Guill. Raimon de Gironela 3; Lanfr. Cigala 2; Rich. de Berbez. 3, 6; Ameus de Broqueira 1; Guir. Riquier 3, 4, 57, 78, 70; Uc de la Bacal. 3; Raim. de las Salas 2; 461, 113; Guir. de Born. 64; Folq. de Marseille 26; Bertr. d'Alamanon 23; 461, 12; 462, 201 u. s. f.

Anhang.

Alphabetisches Verzeichniss sämmtlicher in der provenzalischen Lyrik nachweisbaren Strophenformen.

Nicht berücksichtigt, weil mir nicht zugänglich, sind in diesem Verzeichnisse folgende Gedichte: B. G. 155, 4; 167, 10, 21, 48; 231, 2; 243, 8; 247, 1; 248, 54; 289, 2; 297, 1, 6, 7; 335, 35; 341, 2; 360, 2; 392, 14; 437, 4; 461, 34, 37, 57, 91, 132, 140, 178, 206.

1 aaaaaa........ (72 einr. 10 S.):
   Hds. N No. 10. (Rev. d. l. rom. 1881. II, 124).

2 aa | aaaa | aaaa | aaaa | aa (10 S.) : 461, 166.

3 aaaaaaaaa (Estribot): s. Anm. 2.

4 $a_8a'_5a_8a'_5 \mid a_8a'_5a_8a'_5 \mid a_8a'_5a_8a'_5 \mid a_8a'_5a_8a'_5 \mid b_4b_4c_4c_2c_2c_2c_6a'_5 \mid d_4d_4e_4e_2e_2e_6a'_5$
   (aa′ gramm. Reim.) :Ralm. Bist. d'A. 2.

5 aaaaaaaaaaaaa(a) (12 S.) :P. Brem. 20; Gui de Cav. 1.

6 $a'_4a'_4a'_4a'_4a'_4a'_5 \mid a'_5a'_5a'_2a'_2 \mid a'_7a'_2a'_2a'_7$:Raimb. de Vaq. 9.

7 $a'_3a'_3a'_7 \mid a'_3a'_3a'_7 \mid a'_3a'_3a'_7 \mid a'_7a'_7$:
   G. de Berg 22 (Cobla 7 männl. R.)

8 aaaaaaaaaaa (6 S.):
   Raim. Mirav. 3, C. 3—6 (gramm. R.; s. Folq. Lunel 7 und Aim. de Bel. 20, Descort).

9 aaaaaaaa
   1) 7 S.: Pujol 3, 1 (cf. No. 169); Arn. Cat. 3. — 2) 7, 7, 7, 8, 8, 8, 8, 8, 8: Truc Mal. 1; Raim. de Durf. 1; Lanfr. Cig. 22. — 3) 8 S. : Arn. Dan. 15; Guill. Aug. 2, Cobla 3.

10 $a_7a_7a_{10}a_7a_7a_{10}a_7a_7a_{10} \mid b_4b_4a_3 \mid c_3c_3a_3 \mid d_3d_4a_6e_3e_4a_6$:
   Aug. Nov. 1; Gavaudan 2.

11 a′aa′a | a′aa′a Cobl. 1, 3, 5, 7; aa′aa′ | aa′aa Cobl. [2], 4, 6, 8 (7 S.):
   Guir. de Cal. 4, grammat. R.

12 aaaaaaaa
   1) 7 S. : B. de Vent. 9; Uc de Mur. 1; Rost. Ber. 2; Bort del rei d'Ar. 2 (sämmtlich grammat. Reime); Pons Barba 2; Marc. 7; 461, 219. — 2) 10 S. : Aim. de Peg. 23, 26, 47; Folq. Lunel 7 (s. Raim. Mir. 3); 461, 7; Sordel 18; Duran s. de Paernas 1; Bern. de Roven. 1. — 3) 12 S. : Bertr. d'Al. 12; P. Brem. 6, 14; Sordel 24, 34; Uc de S. Circ 42 s. pag. 79. — 4) : 7, 7, 5, 7, 5, 7, 7, 7 :P. Vidal 48.

13 $a_1 a_1 a_1 a_1 a_1 a_1 a_1 a_1 b_4$
    Folq. de Rom. 8; Gui de Cav. 2; Bertr. Folco d'Av. 2.
14 $bcbc_1 b] a_1 aa_1 aa_1 aa_1 a \mid bcbc_1 b$ (5 S.): Guir. d'Esp. 15.
15 aaaaaaa
    1) 6 S.: B. de Vent. 28. — 2) 10 S.: 461, 58; 245; Blacasset 6.
16 aaaaaaab (7 S.): Guir. de Born. 26.
17 aaaaaa
    1) 7 S.: Alb. de Sest. 10. — 2) 8 S.: Mönch v. Mont. 8, 9; 15. — 3) 10 S.: Guir. de Luc 1; Bonafe 2. — 4) 12 S.: G. de la Tor. 11; Bisch. v. Clerm. 2; Sordel 87; Dalfi d'Alv. 9; G. de S. Leid. 16 (gr. R.); Raimb. d'Aur. 35 s. pag. 79. — 5) 6 S.: Folq. de Mars. 25.
18 aaaaaabbbbb s. Anm. 2 und pag. 19 f.
19 $a_3 a_3 a_3 a_3 a_3 a_3 b_7 c_5 c_7 b_3$: Guir. d'Esp. 2.
20 aaaaab
    1) 7 S.: P. Rogier 2. — 2) 10, 10, 10, 10, 10, 6: Rich. I. 2. — 3) Raimb. d'Aur. 30.
21 aaaaabaab (6 S.): Guir. de Born. 81.
22 aaaaabab s. Anm. 2 u. No. 24 (S. 21 u. Anm. zu S. 21).
23 $a_7 a_7 a_7 a_7 a_7 b_7 b_7 b_3 c_7 c_7$: Guill. de la Tor 9.
24 $a_7 a_7 a_7 a_7 a_7 b_3 c_7 b_3$: Tomier 2 s. No. 22.
25 $a_5 a_5 a_5 a_5 b'_6$: Gaucelm 1; Garin lo Brun 1.
26 $a_4 a_3 a_3 a_5 b_5 \mid a_4 a_3 a_3 a_5 b_5$: Guill. Augier 5 (Descort).
27 aaaabaab (10 S.): Guill. Rain. d'At. 1.
28 aaaabab
    1) 8 S.: 461, 13. — 2) 10 S.: Beatr. de Dia 2; Bertr. del Pog. 1. — 3) 8, 8, 8, 8, 4, 8, 4: Guill. IX. 2. — 4) 10, 10, 10, 10, 4, 6, 6: Guill. Ademar 6 (Refrains.).
29 aaaabb
    1) 7 S.: P. d'Alv. 17. — 2) 10 S.: Uc Brunet 5; 461, 106. — 3) 10, 10, 10, 10, 4, 10: Paul. de Mars. 1. — 4) 11, 11, 11, 11, 13, 13: Guill. Raim. 2.
30 aaaabbaab (6 S.): Guir. de Sal. 3.
31 $a_{10} a_{10} a_{10} a_{10} b_4 b_4 a_5 b_6$:
    1) Bern. Arn. d'Arm. 1; na Lomb. 1; Mont. Sartre 1; Sail de Scola 1. — 2) 10 S.: Raim. Gauc. 4. — 3) 7, 7, 7, 7, 3, 7, 7, 7: Gauc. Faid. 64 (gramm. R.).
32 $a_7 a_7 a_7 a_7 b'_5 b'_5 a_7 b'_5 b'_6 a_3$: Peirol 27.
33 aaaabbbb
    1) 8 S.: Raim. Escrivan 1; Guir. d'Esp. 14 (gramm. R.) — 2) 10 S. gr. R.: Aim. de Peg. 25; Guill. Anel. 4 (s. Zs. III).; Guir. d'Esp. 1.
34 aaaabbbbb (8 S.): Mönch v. Mont. 10 s. No. 18.
35 aaaabbbbcccddd: Guill. de la Tor. 2; Rost. de Mergas 1.
36 aaaabbcc (8 S.): Guill. Adem. 4.

37 aaaabbcccddeefffgggghhhhh (6 S.): Guir. de Born. 68.
38 aaaabcbc 1) 7 S.: 461, 65 — 2) 8, 8, 8, 8, 6, 4, 6, 4: Marc. 44.
39 $a_8a_8a_8a_8b_8c',c',b_8$: B. de Born 22.
40 aaa 1) 11, 11, 15: Guill. IX·4, 5. — 2) 11, 11, 14: Guill. IX 3 s. p. 2.
41 aaab (bezw. aaabaaab) s. Anm. 2; vgl. No. 77.
42 $a'_8a'_8a'_8b',a'_8$: 461, 20 s. No. 627 (Zs. IV, 507).
43 aaabaaabbbaab: 461, 148.
44 $a'_4a'_3a'_3b_6a'_4a'_3a'_3b_6c'_{10}b_3c'_{10}b_{10}$: Guill. Aug. 3, Cobl. 2.
45 $a'_3a'_3a'_3b_5 \mid a'_3a'_3a'_3b_5 \mid c'_3c'_3b_5 \mid c'_3c'_3b_5$: Rost. Ber. 3.
46 aaabaab
    1) 7 S.: P. Vidal 27; cf. P. C. 68, Cobl. 2 (vgl. pag. 6); Marc. 30. —
    2) 8 S.: Sifre 1; Raimb. d'Aur. 1. — 3) 7, 7, 7, 5', 7, 7, 5': Guir. de
    Born. 66.
47 aaabaaba (7 S.):
    B. de B. 27; Folq. 1; Trob. de Villa-Arn. 1.
48 $a_5a_6a_6b'_4a_5a_6b'_4c_5c_6b'_6d_4d_4d_6$: Gauc. Faid. 12 s. Gauc. Faid. 18.
49 aaabaac (8 S.): Marc. 1.
50 aaabab:
    1) 7 S.: Bern. Marti 2. — 2) 8 S.: Marc. 29. — 3) 7, 7, 7, 7, 7, 8:
    Guill. IX 6. — 4) 10, 10, 7, 5, 7, 5: Guir. d'Esp. 16; vgl. Bartsch,
    Dkm., Einltg. pag. 1. — 5) 7, 7, 7, 3, 7, 7: Marc. 18. — 6) 8, 8, 8, 4, 8, 4:
    Guill. IX 7, 11, 12; s. No. 75.
51 aaababaab (7 S.): Anf. d'Arago 1.
52 aaababab (10 S.):
    Guir. Riq. 38; Aim. de Bel. 21; Alb. de Sest. 13, vgl. pag. 50;
    Sordel 33; Folq. 2.
53 $a_5a_5a_5b_3a_5b_3b_5b_5c,c,d,d,$: P. Vid. 29 s. pag. 49.
54 $a_7a_7a_7b'_6a_7b'_6c,c,b'_6c,b'_6$: 461, 223; vgl. No. 56.
55 $a_7a_5a_6b'_6a_5b'_6c_5c_6b'_6c_5c_6c_6$: Gauc. Faid. 18 s. Gauc. Faid. 12.
56 $a_7a_7a_7b'_6a_7b'_6c,c,c,b'_6c,b'_6$: Guill. Mont. 14; s. No. 54.
57 $a'_6a'_6a'_6b_4b_4a'_6$: 461, 3. (Alba).
58 a'a'a'bba'a (7 S.): Uguet 1.
59 $a_7a_8a_7b_5b_5a_8a_7b_5b_5c,c_5$: Gausb. de Poic. 7.
60 $a_{10}a_{10}a_{10}b'_6b'_6a_7(?)b'_6$: Guill. Aug. 1.
61 $a_{11}a_{11}a_{11}b'_7b'_7b'_{14}$
    1) Auz. Fig. 3; s. Zs. II 195 f. — 2) 8 S.: Folco 1; Sim. Doria 3;
    P. Guill. de Tol. 1. — 3) 10, 10, 10, 7, 7, 7: 461, 180. — 4) ?: 461, 70.
62 $a_{12}a_{12}a_{12}b_6b_6b_6a_6b_6b_6b_6a_6c_6c_6c_6a_6$:
    Folq. de Mars. 26 (ccca Refrz.).
63 $a',a'_3a',b,b,b_3a',c,d'_3$: Bertr. d'Al. 23 (bccd Refrz.).
64 $a_8a_4a_8b_3b_4b_3c_6c_3$: Guir. de Born. 65.

99

65 $a',a',a',b',b'_3b',c,c_3d'_3$: Caden. 14 (alba Refr.)
66 aaabbcbcdddd s. Anm. 2.
67 aaabbcc 1) 7,7,7,3,7,7,7: 461, 203. — 2) 8,8,8,6,6,7,7: 461, 142.
68 aaabbcccbb (7 S.): Gausb. de Poic. 15 s. pag. 68.
69 $a_2a_4a_3b_4b_5c_3c_3c_4c_4d'_3d'_3e_3e_3e_5f_3f_3f_3e_2e_3$: Guir. de Born. 16.
70 $a_6a_nа_6b_6b_6c_3c_3c_3d_{10}d_{10}$: Folq. de Mars. 5; Guill. Fig. 1.
71 $a_3a_3a_3b_3b_3c_3c_3c_3d'_3d'_3c_3e_3e_3f_3f_3$, : Guir. de Born. 42.
72 aaabbccddeeffeggaaahhchh: Guir. de Born. 34.
73 $a_3a_3a_4b_3b_4c'_6d_4d_4c'_6$: Guill. Mont. 3; Arn. Dan. 6.
74 $a_6a_3a_3b_6b_6c_6d_6d_6c_6e_{10}e_{10}$: Uc de S. Circ 7.
75 $a_3a_3a_3b_4c_3b_4$: Guill. IX. 12, Cobla 1 u. 4 s. No. 50.
76 aaabcbc: 461, 118.
77 aaabcccb (8 S.): Guill. d'Ieiras 1, 2? s. pag. 70; cf. No. 41.
78 aaabcccbdddb (8 S.): Aim. de Peg. 44 s. pag. 70.
79 $a',a',a',b',c_3c_3c_3c_3c_3b'_6$: Marc. 25, 26.
80 $a',a',a',b'_3c_3c_3c,d'_3$: P. Bremon 4.
81 a'a'a'bcd' (10 S.): Pons de la Garda 5.
82 aaabcddcccd (6 S.): Arn. de Mar. 21.
83 $a,a,a,b,c,[d_3d_6d_3$: 461, 12 (Ballade).
84 aab (7 S.): Marcoat 1, 2.
85 aabaaabaccdccdcc s. Anm. 2 u. pag. 41 f.; vgl. No. 86.
86 aabaaabaccdccdcd: G. Faid. 9 s. N. 85 und pag. 42.
87 aabaab
    1) 6 S.: G. de Berg. 7. — 2) 7 S.: Raimb. d'Aur. 9, 24. — 3) 8 S.: Mönch v. Mont. 16; P. d'Alv. 11; Marc. 15, 22. — 4) 10 S.: Pons de la Garda 3; P. Milo 1; Bern. de Vent. 11; Guill. Rain. d'At 4; P. Vidal 18; Sordel 28; B. de Born. 15. — 5) 8,8,7,8,8,7: B. de Born 4.
88 a,a,b',a,a,b',a_3a, : Peirol 22.
89 $a_3a_3b_6a_3a_3b_6$ | $a_3a_3b_6a_3a_3b_6$ | a_6b_6 : Guir. Riq. 69.
90 $a'_6a'_3b_6a'_6a'_3b_3$ | $a'_3a'_3b_3a'_3a'_3b_3$ | $b_3b_3b_3b_3$ | a'_3b_3 : Raim. Mir. 27.
91 aabaabaabaabccdd: Aim. de Bel. 9.
92 $a_6a,b'_3a_6a,b'_3a,b'_3b'_3$: Raim. Mir. 6.
93 $a,a_4b'_3a,a_4b'_3a_3b'_3b'_3c'_7c'_7b'_3c'_7c'_3b'_3$: Folq. de Rom. 4.
94 aabaabacacacacc: Guir. d'Esp. 3, Cobl. 4.
95 aab | aabbbaabbbaabbb | aab (6 S.):
    Bertr. d'Al. 11; Fraire Menre 1; Gui d'Uisel 16.
96 $a_3a_3b_6a_3a_3b_6b_6c_3c_3b_6b_6b_6c_3c_3b_6b_6b_6d_6d_3$: P. Vidal 2.

97 aabaabbccdd (6 S.): Guir. Riq. 2.
98 aabaabccbccbddbddb s. Anm. 2 und pag. 70.
99 $a_2a_2b_2a_2a_2b_2c,c,c_2d_2$: Guir. Riq. 3 (cd Refrz.).
100 $a_2a_6b_4a_2a_4b_2c_6c_6c_6d'_{10}b_{10}b_{10}$:
    Bern. d'Aur. 3 s. No. 101.
101 aabaabcccdee: Guill. Ev. 1 (Refrz.) s. No. 100.
102 aabaabccddcdeef (6 S.): Guir. Riq. 70 (ef Refrz.).
103 $a_{10}a_4b_6a_{10}a_4b_6c_{10}d_{10}d_{10}c_{10}$: Guill. Mont. 7 (Refrr.).
104 aabaacc (8 S.?): Guir. del Oliv. d'A. 13.
105 aabab
    1) 8 S.: Jord. de Cof. 2; Dalfi d'Alv. 7; Marc. 8. — 2) 8,8,4,8,4: Mönch. v. Mont. 11.
106 aabab'a (7 S.): Marcabr. 17.
107 aababaaabaaabaaaa: G. P. de Caz. 1, C. 3—5.
108 aababaabb: 461, 198; B. de Roven. 4 (b (bezw. bb) Refrz.)
109 aababb (7 S.): R. de Tors 3; Raimb. d'Aur. 10.
110 aababba (8 S.): P. R. de Tol, 7.
111 aababbb (7 S.): G. de Berg. 8 (Refrz.).
112 aababbc
    1) 7 S.: P. d'Alv. 16. — 8 S.: G. de Cabest. 3; Bonif. de Castell. 1; Bonif. Calv. 17. — 3) ?: R. d'Alagr. 1.
113 $a_6a_6b_6a_6b_6b_6c'_6c'_6$: Bisch. de Clerm. 1.
114 $a_6a_6b_4a_6b_6b_6c_6c_6c_6d'_{10}$: Caden. 23.
115 $a_6a_6b_6a_6b_6b_6c'_6c',d_6d_6$: Gui d'Uisel 12.
116 $a_3a_6b_3a_6b_6c',b_6c',b_6$: Aim. de Bel. 10.
117 aababcc (8 S.): Azars 1, Cobla 1 und 3 s. No. 576.
118 aabac (10 S.): Raim. Jordan 8.
119 aabaccdd (10 S.): Folq. de Mars. 11.
120 aabb 1) 8 S.: 461, 64. — 2) 10 S.: Marc. 9; 461, 207.
121 aabba 8 S.: 461, 73 (Ballade).
122 $a_6a_6b_6b_6a_6a_6a_6c,c,d,d,c,c,a,a,$: Preb. de Val. 1.
123 aabbaab.
    1) 8 S.: Uc 1, Cobla 1—11, Cobla 12—17; Esperdut 3; Mönch von Mont. 5; Bertr. d'Al. 17; Gui de Cav. 4; Guill. del Bauz 2; Guill. de Berg. 2. — 2) 10 S.: Aim. de Peg. 31.
124 aabbaabaab (6 S.): Guir. Riq. 52.
125 aabbaabbaa (8 S.): P. Milo 3.
126 $a'_2a',b_2b,a',a',b_2a'_7$
    Uc de S. Circ 28, 38; Peire Guill. 5; Bert. Zorgi 17; Bertr. de B. 9.
127 aabbaaccac (6 S.?): Arn. de Mar. 20.

128 ? aabbab (8 S.): 461, 41.
129 aabbabccdcd (8 S.): Daude de Prad. 15.
130 $a_4a_8b_8b_4a_6c_4$: Raimb. d'Aur. 21.
131 $a_7a_7b_7b_7a_7c_5c_5b_7d_7e_7$: Guill. Mont. 2.
132 $a_7a_7b_7b_7a_7c'_7c'_7d_{10}d_{10}$
    Aim. de Peg. 4; Guill. Fig. 5; Gauc. Faid. 62.
133 aabbacdcee: Guir. Riq. 53.
134 aabbba/accdd
    1) 6 S.: P. Vid. 17; Ber. de Poiv. 1. — 2) 10,4,6,10,10,10,4,10, 10,8,8: El. Cair. 8 s. No. 535.
135 $a_{10}a_4b_8b_{10}b_4a_8c'_{10}d_{10}d_{10}c'_{10}$: Guill. Mont. 9.
136 aa | b'b'b'b | a (10 S.): 461, 69 (Ballade).
137 a_3a_3 | $b'_8b'_8b'_8$ | a_3a_3 : 461, 201 (Ball.).
138 $a_7a_3b_7b_7[b_7a_7]c_7c_3d_7d_7$: 461, 195 Dansa.
139 aabbbbcbcbcbc: Joan Lag 1 s. pag. 81.
140 aabbbbcbccbccbc: Guigo 2; Raim. de Tors 1 s. pag. 81.
141 aabbbbcc (7 S.): Salomo 1.
142 aabbbbccbccbccbc s. Anm. 2 und pag. 80 f.
143 aabbbcc: 461, 209.
144 $a'_7a'_7b_8b_8b_7c_7c_7d'_8d'_8$: Bern. Marti 3.
145 $a_{10}a_{10}b_{10}b_{10}c'_6$: Guir. de Born. 64 (Alba).
146 aabbca (7 S.): Marc. 5.
147 aabbcac (10 S.): B. de B. 40.
148 $a_8a_8b_8b_8c'_8b_8b_8c'_8$: Raim. de Casteln. 2; Aim. de Peg. 16.
149 $a_8a_8b_8b_8c_7b_8c_7$: B. de B. 16, 44; Raimb. d'Aur. 5.
150 aabbcc
    1) 8 S.: Guir. de Born. 80; 461, 210. — 2) 10 S.: 461, 28. — 3) 8, 10, 10, 10, 10, 10: 461, 82, 83 (wahrscheinlich identisch). — 4) 10,8,8,8,8,8: 461, 67.
151 aabbccaa: Rich. de B. 7 s. pag. 49.
152 aabbccaa | ccaa (8 S.): 461, 72; vgl. No. 151.
153 aabbcca (8 S.): Marc. 40, C. 5, 6, 7; s. No. 158.
154 $a_7a_7b_7b_7c'_8c'_8a_7b_7c'_7c'_7$: P. Vid. 43.
155 ? aabbccbb ?: 461, 188.
156 a_8a_8 | $b_{10}b_4c_8c_{10}c_4c_8$ | $d_{10}d_{10}$: Folq. de Mars. 8.
157 aabbccdd (7 S.): P. Vid. 34; Peire de Brag. 1; 461, 25a.
158 aabbccd (8 S.): Marc. 40, C. 3 und 4; s. No. 153.
159 aabbccdd.
    1) 7 S.: Arn. Cat. 2 (5) — 2) 8 S.: Bertr. 5; 461, 98; Daude de Prad. 16. — 3) 10 S.: 461, 133; Raimb. de Vaq. 30; Na Tibors 1; Aim. de Peg. 52. — 4) ?: 461, 169.

160 $a_7a_3b_4b_3c_7c_4d_4d_3c_2c_5e_6$: Raim. Jord. 7.
161 aabbccddedffa (?): 461, 152.
162 $a_6a_6b'_7b'_6c_6c_6d'_3d'_3e_6e_6e_6e_6$: 461, 90.
163 aabbccddee.
   1) 7 S.: Aim. de Bel. 5 s. pag. 49. — 2) 8,8,8,8,10,10,10,10,10,10: Guir. del Oliv. 23. — 3) 5,5,5,5,5,5,5,5,10,10: Guir. de Born. 71.
164 aabbccddeeff.
   1) 6 S.: El. Fons. 2 s. pag. 49. — 2) 8,4,4,8,8, 8, 2,8, 4, 8,8,8: G. de Born. 3. — 3) 7,5,5,7,7,7,5, 7, 8,4,7,7?: Adem. de Rocaf. 3; Cad. 6; 461, 225.
165 a'a'b b c'c'dde'f (7 S.): Gav. 1 (gr. Reim).
166 $a_7a_7b_4b_4$ | $c_3c_3d_3d_3e_3f_3e_3f_3$ | $a_7a_7b_7b_7$: Paul. de Mars. 4.
167 aabbccd'eed' (6 S.): Uc de S. Circ 20(2).
168 $a_6a_6b_6b_6c_6c_6d_6e_6e_6d_6f_6f_6f_6g_6g_{10}$: G. Faid. 51.
169 aabbcdcd (7 S.):
   1) P. Brem. 10; Pujol 1, C. 3. — 2) 7,7,7,7,3,7,7,7: P. d'Alv. 8 (Refr.).
170 aabbcdd (10 S.): Guill. de la Tor 6.
171 aabbcddc (7 S.): Raim. Mir. 9.
172 aab'b'cddce'e' (10 S.): Uc de la Bac. 4.
173 $a_4a_4b_4b_4$ | $c_3d_4d_4c_3$ | $e_4e_4c_3$: Raimb. d'Aur. 17.
174 $a_7a_7b_7b_7c'_7d_7d_7e'_7e'_7$:
   1) Aim. de Bel. 15. — 2) 10, 4, 6,10, 10,10, 10, 10,10 :Guir. Riq. 18.
175 $a_3a_3b_3c_3a_3a_3b_3c_3a_3a_3b_3c_3$ | $d_3d_4d_4$ | $e_3e_4a_3f_3f_4f_3f_3$: Raim. de las Sal. 2, Alba (Refrz.).
176 aabcaabcdddefffe: Gauc. Faid. 20a (Hds. T fol. 141b).
177 aabcbc (8 S.): Guill. IX 1; Uc de Maens. 1.
178 aabcbcabab: Arn. Cat. 6.
179 aabcbcdd (7 S.): Raimb. d'Aur. 26.
180 $a_4a_3b_4c_{10}b_{10}c_{10}d'_{10}d'_{10}e_{10}e_{10}$: Guir. Riq. 59.
181 aabccb s. Anm. 2 und pag. 68 f.
182 ? aabccbcc ?: 461, 212.
183 aabccbdd (10. S.): Aim. de Peg. 39; Raimb. de Vaq. 13.
184 aabccbddb: Marcabr. 24; Guir. del Oliv. 14 s. pag. 70.
185 aabccbddbebbe: Raimb. d'Aur. 3 s. pag. 70.
186 $a_6a_6b_6c_6c_6b_6d_6d_6e_6e_6$: Raim. Mir. 38.
187 aabcccb (7 S.): P. d'Alv. 21.
188 aabccdd 1) 7 S.: Raimb. d'Aur. 7. — 2) 10 S.: Aim. de Peg. 38.
189 aabccddee (10 S.): Lanfr. Cig. 16.
190 $a_6a_6b_6c'_3c'_3d_6d_6e_6e_6b_6b_6f_4f_7d_4d_7g'_{10}g'_{10}$:Guir. de Born. 76.

191 $a_1 a_1 b', c, c, d, e, e_1$: Bertr. Carb. 36.
192 $a_8 a_4 b_5 c_4 c_5 d_4 e_8 e_4 d_8 f_1 f_{10}$: Guir. de Cal. 11.
193 a a b c d d c : El. Cairel 5.
194 $a_8 a_8 b_5 c_5 d_4 d_4 c_8 c_5 b_8$: Marcabr. 19.
195 a a b' c d d e' c c b' (5 S.): Arn. de Mar. 13 s. Anm. 17.
196 a b a a b c c d d c e e e (7 S.): Gauc. Faid. 4.
197 a b a a b c d d (8 S.): Raimb. d'Aur. 18.
198 $a_5 b_8 a_5 a_5 c_8 a_5 d_7 d_8 e_8 d_8 e_4$: Guill. Raim. de Gir. 3 (Refr.).
199 $a_5 b_5 a_4 a_4 c_8 b_8$: Marc. 4.
200 $a_7 b', a_7 a_7 c_7 c_5 a_7 a_7 d_8 d_7 e_7 e_7$: Guir. de Born. 41.
201 a b' a a c c d' e e e f f (5 S.): Guir. de Born. 39.
202 $a_7 b_5 a_7 b_5 | a_7 a_7 a_7 a_7 b_7 \widehat{c_7 c_3} \widehat{c_7 c_3}$: P. Bremon. 19.
203 a b a b a a b s. Anm. 2 und pag. 15.
204 $a'_5 b_8 a'_5 b_8 | a'_4 a'_4 b_8 | a'_4 a'_4 b_8$: Rodrigo 1; Guir. d'Esp. 7.
205 a b a b a a b a b a s. Anm. 2 und pag. 84.
206 $a_8 b_8 a_8 b_8 a_8 a_{10} b_{10} b_{10}$:
   1) 461, 250. — 2) 8 S.: Bertr. de Born. 45.
207 a' b a' b a a' b b b a' b b (7 S.): 461, 103.
208 a b a b a a c c (8 S.):
   1) Aim. de Peg. 17; 461, 6. — 2) 8, 8, 8, 8, 8, 8, 10, 10: 461, 15.
209 a b a b a a c c a c c d c d c (8 S.): Pons d'Ortaf. 1.
210 a' b a' b a' b a' (10 S.): Montan 2.
211 a b a b a b a b : Raimb. de Vaq. 4 (Descort); 461, 194.
212 a b a b a b a b a (10 S.):
   Raimb. d'Eiras 1; Bertr. Carb. 50; Blac. 10; Uc de S. Circ. 36; Nicol. de Tur. 3; Simon Doria 2; Alb. Marq. 1.
213 a b a b a b a b a a b : Lanfr. Cig. 15, 25; Gauc. Faid. 5.
214 a b a b a b a b a a a b a s. Anm. 2 und pag. 80.
215 $a'_8 b_8 a'_8 b_8 a'_8 b_8 a'_8 b_8 a'_8 b_8$: Bern. de Vent. 25.
216 a b a b a b a b a b a b a b c c d d d d (d) e e f f f f (f) b
   Lanfr. Cig. 13; Lantelm 1; Joj. de Tol. 1.
217 $a'_7 b_8 a'_7 b_8 a'_7 b_8 a'_7 b_8 a'_7 c_8 c_8 c_8 a' , c_8 a' , b_8 b_8 b_8 a' , a' , a' , b_8 c_8 c_8 a' , c_8 a' , c_8 a' , c_8$: 461, 146.
218 a b a b a b a b b.
   1) 6 S.: Bern. de Vent. 36. — 2) 7, 6, 7, 6, 7, 6, 7, 6, 6: Dalfi d'Alv. 3; Peirol. — 3) Uc de S. Circ 19.
219 a b a b a b a b b a (6 S):
   Bern. de Vent. 37; 461, 202; s. Anm. 8.
220 $a_5 b_4 a_5 b_4 a_5 b_4 a_5 b_4 b_5 b_5 b_5 a_5 b_5$: Guill. Peire de Cazals 11.

221 ababababcbcb: Gui de Cav. 3.
222 ababababcc: s. Anm. 2 und pag. 71.
223 ababababcca (7 S.): Peire de Valeira 3.
224 ababababccbb: Peirol 8, 18 (Refrz.) s. Anm. 20.
225 ababababccbc: s. Anm. 2 und pag. 72.
226 ababababccbcc (?): 461, 42.
227 ababababcccb: s. Anm. 2 und pag. 11 f.
228 $a_6 b_4 a_6 b_4 a_6 b_3 a_6 b_4 c_6 c_6 c_6 c_6 c_6 c_6$: Bertr. de B. 21.
229 $a_6 b_4 a_6 b_4 a_6 b_4 a_6 b_4 c_6 c_6 c_6 c_6$: Ric. de Tarasco 2.
230 ababababccddcc s. Anm. 2. 10 und pag. 32 f.
231 $a_4 b_6 a_4 b_6 a_4 b_6 a_4 b_6 c_6 c_6 c_6 d_6 d_6 d_6 e_6$: Peire Basc 1 s. Anm. 10.
232 $a_7 b_7 a_7 b_7 a_7 b_7 a_7 b_7 \, c_4 c_4 d_3$ (Refrz.): Uc de la Bacal. 3.
233 $a'_4 b_4 a'_4 b_4 a'_4 b_4 a'_4 b_4 \mid c_2 c_3 d_4 c_2 c_2 d_4 \mid e_5 e_5 e_5 e_5 \mid a_4 f_3 a_4 f_3$
(Refrz.): Joan Esteve 4.
234 $a_5 b_7 a_5 b_7 a_5 b_7 a_5 b_7 \mid c_4 c_4 d_5 c_4 c_4 d_5 \mid e_7 f_7 e_7 f_7 \mid g_4 g_4 h_7 g_4 g_4 h_7$:
461, 104.
235 $a_6 b_6 a_6 b_6 a_6 b_6 a_6 b_0 c_{10} c_1 d'_{10} c_1 o d'_{10}$: Gauc. Faid. 20.
236 $a_3 b_3 a_3 b_3 a_3 b_3 a_3 b_3 c_3 c_3 d_3 c_3 d_3 d_3$: Guir. Riq. 26.
237 $a_7 b_3 a_7 b_3 a_7 b_3 a_7 b_3 c_3 c_3 d_7 d_6$: P. d'Alv. 20.
238 $a_7 b_3 a_7 b_3 a_7 b_3 a_7 b_3 c_{10} c_{10} d_{10} d_{10} e_{10} e_{16}$: Peire Vidal 46.
239 ababababcdcdcd (10 S.):
Dante da Majano 1, 2; Paul Lanfr. de Pist. 1.
240 ababababcdcdcd(cd)eeee: Pons de Capd. 26 (Descort.)
241 ababababcdcdefefghgh.....: Guir. de Born. 61.
242 ababababcddcd (6 S.): Pons de Capd. 11.
243 $a_3 b_3 a_3 b_3 a_3 b_3 a_3 b_4 c_3 d_4 d_3 e_3 e_7$: Guir. Riq. 55.
244 ababab.
  1) 8 S.: Raimb. d'Aur. 28; Bern. Marti 7; 461, 240. — 2) 7, 5, 7, 5, 7, 5:
  Marc. 21. — 3) 8, 8, 8, 4, 8, 4: Marc. 33.
245 abab | abac | abac | abac s. Anm. 2 und pag. 80.
246 abababcca (6 S.): Ber. de Palaz. 1.
247 abababccdcdc (6 S.): Gauc. Faid. 29.
248 abababb (7 S.): Ademar 1, Cobla 2—5.
249 abababba.
  1) 7 S.: Gran. 2; Bern. de Vent. 4. — 2) 7, 7, 7, 7, 7, 5, 7, 5: Peirol
  11; Gausb. de Poicib. 12.
250 abababbab (10 S.): Palais 4.
251 abababbabb (7 S.):
  Auz. Fig. 2; Aim. de Peg. 13; Bertr. d'Aur. 1; Lambert 1; Uc de
  S. Circ 30; Guill. del Bauz 3; Gui de Cav. 5; Coms de 'Tol. 1;
  Sordel 32; Gui d'Uisel 13; vgl. No. 252.

252 $a'_4 b_6 a'_4 b_6 a'_4 b_6 b_6 a'_6 c_4$: Marcabr. 32.
253 $a'_5 b_7 a'_5 b_7 a'_7 b_5 b_5 b_7$: Folq. Romans 5.
254 abababbbb: 461, 97 vgl. No. 251.
255 abababc: Peire Espanhol 1 (Alba).
256 abababcc (8S.: cc Refrz.) 1) Gauc. Faid. 50; 2) ab 5 S.;
c 6 S.: Tomier 1.
√257 abababccabccddd: Raimb. de Vaq. 32; Alb. de Sest. 11.
258 $a_7 b_5 a_7 b_5 a_7 b_5 c_5 c_7 b_5$: Folq. de Rom. 6; P. Raim. de Tol. 10.
259 abababcccb (10 S.): Marcabr. 10.
260 $a_5 b_6 a_5 b_6 a_5 b_6 c_4 c_5 c_5 b_6 c_5$:
461, 123; Guill. Fig. 2; Na Gorm de Monp. 1; Gauc. Faid. 2.
261 abababccbc
1) 7,6,7,6,7,6,3,7,3,7: Lanfr. Cig. 17; Sordel 21; Raimb. de Vaq. 12. — 2) ac 7 S. b 4 S.: Raim. de Tors 5. — 3) 5 S: Peire de la Cár. 1 (4 Refrz.).
262 $a_7 b_4 a_7 b_4 a_7 b_4 c_3 c_3 c_7 c_3 c_3 c_7$: Uc de S. Circ 41.
263 abababcccddcddc: Joan Est. 7.
264 $a_8 b_5 a_8 b_5 a_8 b_5 c_5 c_5 c_5 d_5 d_5 d_4$: Joan Est. 5.
265 $a_5 b'_6 a_5 b'_6 a_5 b'_6 c_3 c_5 c_6 d'_6 e_5 d'_6 e_5$: Gauc. Faid. 55.
266 $a'_{10} b_{10} a'_{10} b_5 a'_{10} b_5 c_{10} c_{10} d'_{10} d'_{10}$: Raim. Jord. 5.
267 $a_5 b_5 a_5 b_5 a_5 b_5 c_5 c_5 d_5 d_5 c_5 d_5 d_5$:
Gauc. Faid. 33; 461, 76a (Riv. I, 42).
268 $a_8 b_5 a_8 b_5 a_8 b_5 c_7 d_7 c_7 d_7 c_7 d_7$: Paul. de Mars. 6.
269 abababcde: Raim. de las Sal. 4.
270 ababacca
1) 7,6,6,6,6,7,7,7: Guill. de Berg. 11; Bertr. de B. 39. — 2) 6 S.: Peirol 14. — 3) 10 S.: 461, 190.
271 ababaccaac (10 S.): Guir. Riq. 51.
271a abab₁a | c₁cc₁cc₁cc₁c | abab₁a (5 S.):
Guir. d'Esp. 15 a. No. 14.
272 ababaccdd (10 S.): Bertr. de Born 30.
273 ababacdcdc (7 S.): Guir. Riq. 66.
274 $a_5 b_5 a_5 b_5 a_5 c_5 d_5 c_5 d_5 e_5 e_5 e_5 d_5 d_5$: Bern. Arn. de Moncuc 1.
275 ababacddc (6 S.): Guill. Cabest. 2.
276 ababacdddccd: Gauc. Faid. 19.
277 ababba
1) 10 S.: 461, 32 a. No. 280. — 2) a 7 S.; b 8 S.: Guill. Raim. de Gir. 2.
278 ababbaa
1) 7 S.: 461, 75; Blacatz 5; Peirol 12. — 2) 10,6,10,6,8,10,10: Guill. Aug. 4. — 3) 8,10,8,10,10,8,10: Pons de la Garda 1.

7*

279 $a_1b_2a_3b_4b_5a_6a_7a_8c_9c_{10}$: Folq. de Mars. 2.

280 ababbaab
1) 7 S.: Guir. Riq. 21; Raim. Mir. 35. — 2) 8 S.: 461, 156. — 3) 10 S.: Aim. de Peg. 1; Daspols 2; Gauc. de S. Leid. 1; Guiraudo 1; Peirol 4; 461, 32 (s. No. 278). — 4) a 8 S.; b 7 S.: Beatr. de Dia 1; Bern. de Vent. 19.

281 ababbaaba (7 S.): Gauc. Faid. 53.

282 ababbaabb (10 S.):
Aic. del Forat 1; Eugles 1; Granet 5; Guir. Riq. 77; Pons de Capd. 2; Pons de la Garda 2; P. Vid. 26; 461, 239 (218).

283 ababbab 1) 7 S.: B. de Born 36. — 2) 10 S.: Alb. de Sest. 17.

284 $a_1b_2a_3b_4b_5a_6a_7a_8c_{10}c_{10}$: Guir. d'Esp. 9 (Refrz.).

285 $a_1b_2a_3b_4b_5a_6a_7a_8c_9c_9d_9$: 461, 99a (N).

286 ababbab
1) 6 S.: G. de Berg. 12. — 2) 10 S.: Mönch v. Foissan 1; Peire Guill. 4; Gauc. Faid. 46; 461, 32 (s. No. 281).

287 ababbaba s. Anm. 2.

288 ababbabaa: Serveri 7.

289 ababbabab (7 S.): Cerc. 1.

290 ababbababa: Serv. 2.

291 ababbabcc (7 S., Refr.): Guir. Riq. 78.

292 ababbba (10 S.): Bertr. de Born 1, 31.

293 $a_1b_2a_3b_4b_5b_6a_7a_8a_9b_9$: 461, 145.

294 ababbbaabbabb: Arn. Vidal 1.

295 ababbbab (6 S.): Raimb. de Vaq. 27.

296 ababbbba (10 S.): Guill. Mont. 12; Pons Sant. 1.

297 ababbbbb (8 S.): Guill. Fig. 4.

298 ababbbbccb (8 S.): Gauc. Faid. 42.

299 ababb[b]c$_1$bbc: Guir. d'Esp. 5.

300 ababbbcc (8 S.): Gausb. de Poic. 9; 461, 167 (s. No. 308).

301 ababb[b]c'c'b (10 S.): Bertr. de B. 43.

302 $a_1b_2a_3b_4b_5b_6c'_7c'_7d_8d_8$: Gauc. Faid. 44a (Refr.).

303 a'ba'bbc' (10 S.): Bern. de Vent. 35.

304 ababbcb (8 S.): Adem. Jordan 1.

305 ababbcbbc: Guill. de la Tor 1.

306 ababbcbc (10 S.):
Alb. de Sest. 8; G. de Berg. 16; Bertr. Carb. 13; Tomas 1; Pastorela (Bartsch, Chr. pag. 403).

307 $a'_1b_2a'_1b_2b_7 \mid c'_2b_2d_2 \mid e'_2e'_2f_2 \mid e'_2e'_2f_2$: Joan Esteve 9.

308 a b a b b c c
   1) 10 S.: Aim. de Peg. 29; Folq. de Mars. 1; Pons de Capd. 17; 461, 35. — 2) 7,7,7,7,10,10,10: 461, 167 (s. No. 300).

309 a b a b b c c b s. Anm. 2.

310 a b a b b c c b b s. Anm. 2.

311 $a_6 b'_6 a_6 b'_6 b'_6 c_4 c_4 b'_6 b'_6 d_4 b'_6$ (Refrz.):
   Bertr. d'Al. 4; Lanfr. Cig. 2.

312 $a'_7 b_7 a'_7 b_7 b_7 c_8 c_8 b_7 c_8 c_8$:
   Gauc. Faid. 17; Folq. de Rom. 9 (Nicolet 2).

313 $a_8 b', a_8 b', b_7 c_8 c_8 b', d_{10} d_{10}$: Lanfr. Cig. 5.

314 $a_8 b_8 a_8 b_8 b_8 c_7 c_7 c_7 b_8$: Peire Guill. 3; Gui d'Uisel 18.

315 $a'_7 b_7 a'_7 b_7 b_8 c_7 c_7 c_5 c_8 a'_3 c_8 a'_3$: El Cairel 13.

316 a b a b b c c c d d s. Anm. 2.

317 a b a b b c c d d
   1) 7 S.: Cavaire 1; Peirol 29; Guill. Mont. 11; Mönch v. Mont. 14. — 2) 8 S.: Uc de S. Circ 9. — 3) 10 S.: Uc de S. Circ 40; Jord. Bonel 1.

318 a b a b b c c d d c c b (6 S.): Raim. Mir. 3, Cobl. 1 und 2.

319 a b a b b c c d d c d (10 S.): Mönch v. Mont. 1.

320 $a_7 b_8 a_7 b_8 b_8 c_7 c_7 d_8 d_3 c_4 e_3 e_3 a_4$: Gauc. Faid. 27.

321 $a_8 b_8 a_8 b_8 b_8 c_8 c_8 d_8 d_8 e_{10} e_{10}$: Gauc. Faid. 38.

322 a b a b b c d s. Anm. 2.

323 $a_7 b_3 a_7 b_3 b_7 c_7 d'_7 c_7 e_7 e_7 d'_8$: Gausb. de Poic. 14.

324 $a'_7 b_7 a'_7 b_7 b_7 c_8 d_7 d_7 a'_7$: Raim. Mir. 47.

325 a b a b b c d d c (10 S.): 461, 138; 241.

326 $a'_7 b_7 a'_7 b_7 b_8 c'_7 d_4 d_8 c'_7 d_7$: Gauc. Faid. 31.

327 $a_{10} b_{10} a_{10} b_{10} c'_6$: Guir. Riq. 9.

328 $a_{10} b_{10} a_{10} b_{10} c'_7 a_{10} a_{10}$: Bertr. de B. 4, 17.

329 a b a b c b b c s. Anm. 2 und pag. 81.

330 a b a b c b c (10 S.): Gar. d'Apch. 4.

331 a b a b c b c b s. Anm. 2.

332 a b a b c b c b a d d d a d d (7 S.): G. de Berg. 4.

333 $a_8 b_8 a_8 b_7 c_7 b_7 c_7 b_7 d_7 d_7 e_7 e_7 a_6$: 461, 11.

334 a b a b c c
   1) 7 S.: Marcabr. 14. — 2) 10 S.: Jord. de Cofol. 1. — 3) a b 7 S., c 10 S.: 461, 228.

335 a b a b c' c' a (8 S.): Peirol 16.

336 a b a b c c a a s. Anm. 2 und No. 359.

337 a b a b c c b s. Anm. 2.

338 ababccbb
   1) 7 S.: Garin d'Apch. 2. — 2) 8 S.: B. de Born 45, Cobl. 3—6.
   3) 10 S.: Joan d'Albuzo 2; Bertr. Carb. 85; 461, 170, 183.
339 ababccbba (7 S.):
   Bert. Zorgi 15; Guir. de Born 38; Uc de S. Circ 8; (Bertr. Carb. 79);
   Bern. de la Fou 1.
340 ababccbbab (7 S.): 461, 191.
341 $a_8b_8a_8b_8c_{10}c_{10}b_{10}b_{10}d_8$ (Refrz.): P. Vidal 12.
342 ababccbccb (10 S.): Rainaut de Pons 1.
343 ababccbdd (10 S.): Gauc. Faid. 61.
344 ababcccb (10 S.):
   Guill. 6; Graf v. Prov. 1; Guir. de Sal. 2; Guir. Riq. 75; Bertr.
   d'Alam. 22; Guionet 2; Lanfr. Cig. 6, 14; Uc de S. Circ 17; Raimb.
   de Belj. 1.
345 $a_7b'_3a_7b'_3c_3c_7c_4b'_3b'_3$: Caden. 15.
346 $a_8b_8a_8b_8c'_{10}c'_{10}c'_{10}c'_{10}$:
   1) Raim. Mir. 21; Bertr. de B. 5; Blacatz 8. — 2) ab 10 S.; c 7 S.:
   Bonafe 1.
347 $a_7b_3a_7b_3c_3c_4c'_6c_3c_4c'_6$: Guir. d'Esp. 10.
348 $a_7b_7a_7b_7c_7c_7d_1a_7$: Marcabr. 31 (Refr.).
349 $a_8b_8a_8b_8c_8c_4c_8d_{10}b_{10}b_{10}$:
   P. d'Arago 1; Peire Salv. 1; Graf v. Foix 2.
350 $a_7b_7a_7b_7c_3c_3c_7d_3d_3a_7d_3d_3d_7$: Gauc. Faid. 34.
351 $a_7b_7a_7b_7c_7c_3c_7d_7d_7e_7e_7$:
   1) Bert. Zorgi 6. — 2) 7,7,7,7,7,7,3,7,7,7,7,7: G. de Berg. 6.
352 $a_{10}b_{10}a_{10}b_{10}c_4c_3c_3d'_3e_6e_6d'_6$: Arn. de Mar. 14.
353 ababccd
   1 7 S.: Marcabr. 28, 42; Bern. de Vent. 30. — 2) 8 S.: Bern. de
   Venz. 1; Jaufre Rud. 2; Arn. de Tint. 1; Arn. de Mar. 2; Raim.
   Vidal 2; Marcabr. 40, Cobla 1 und 2 (s. No. 153); Bern. Marti 8. —
   3) 10 S.: Bern. de Venz. 2; Guill. de Cabest. 6; Guir. Riq. 81;
   Raim. Mir. 4; Raim. Jordan 9; Bern. de Prad. 2. — 4) ab 7 S.,
   cd 8 S.: Gui 1; Guill. de S. Leid. 14; 461, 244. — 5) ab 8 S., cd
   10 S.: Bern. de Vent. 10.
354 $a_8b_8a_8b_8c_7c_7d_7c_7$:
   1) P. Vid. 24 (Guionet 3). — 2) 10 S.: Pons de Capd. 24. —
   3) abd 8 S.; c 7 S.: Raimb. d'Aur. 36 s. Anm. 17.
355 $a_7b_7a_7b_7c_3c_3d_3c_3e_3d_3$: P. d'Alv. 23 (10a).
356 $a_8b'_7a_8b'_7c_3c_3d'_2c_3c_3d'_2e_7e_7$: Joan Esteve 11 (Refrz.).
357 ababccdcd (7 S.): Guir. Riq. 84; Raim. Gauc. 7.
358 $a_{10}b_{10}a_{10}b_{10}c_3c_7d_7c_7d_7c_7$: Gauc. Faid. 52 s. Anm. 17.
359 $a_7b_7a_7b_7c_7c_7d_{10}d_{10}$:
   1) Raim. Mir. 46; Bertr. Carb. 72 s. Anm. 2. — 2) 7 S.: Guir.
   lo Ros 3; Almuc de Casteln. 1; Guir. Riq. 6; Beatr. de Dia 5 s.
   Anm. 2. — 3) 8 S.: Bertr. Carb. 61; Daude de Prad. 13; Bonif.

Calvo 14; El. Fons. 1; P. Vidal 35; Guill. Uc d'Albi 1; Lamb. de
Bon. 2. — 4) 10 S.: Pistol. 2, 3, 4; 461, 120; Bertr. Carb. 3,
6, 27, 42, 43; Raimb. de Vaq. 29; Paul. de Mars. 7; Aim. de Peg.
33, 20; B. de Born 6, 7; Aim. de Bel. 11; Sordel 31; Graf. v.
Prov. 2; Guill. de Berg. 1, 17, 20; Fred. de Cec. 1; Graf v. Emp. 1;
Granet 4; 461, 36, 177, 221; Guill. de Cabest. 6; 461, 112, 232; Guir.
de Born. 35; Raim. Jord. 3; Bert. Zorgi 10; Bonif. Calvo 7; Guir.
Riq. 30; Lamb. de Bonan. 9; Raim. Gauc. 5 s. Anm. 2 u. No. 383. —
5) ab 7 S.; cd 10 S.; Raimb. de Vaq. 11; Ber. de Pal. 3; Peire de Gavaret
1; Peire de Durban 1. — 6) a b d 10 S.; c 8 S.: s. Anm. 2. — 7) a b c
7 S.; d 8 S.: Raim. Mir. 8. — 8) a b 10 S.; cd 7 S.: s. Anm. 2
und Guill. de S. Leid. 8; 12 (bezw. Marches Lanz). — 9) a b 8 S.;
cd 5 S.: Aim. Jordan 2 s. Anm. 2. — 10) ab 8 S.; cd 10 S.:
Perdigo 4; Bern. de Vent. 39; Guir. del Oliv. d'Arle 53. — 11) a c d
8 S.; b 7 S.: Folq. Lunel 3. — 12) a b c 8 S.; d 10 S.: Bertr.
Carb. 52; 62. — 13) 10, 10, 10, 10, 10, 4, 6, 10: Folq. de Mars. 13. —
14) a b d 7 S.; d 8 S.: Bern. de Vent. 29. — 15) a b 7 S.; c 8 S.;
d 10 S.: Peire Bremon 15. — 16) a b 7 S.; c 6 S.; d 10 S.: Raim.
Casteln. 3. — 17) a 7 S.; b 6 S.; c d 8 S.; Bern. de Tot lo Mon 2;
Peirol 2.

360 ababccdda (7 S.): Bertr. 2; Guir. de Born. 38.
361 ababcccddbb (7 S.): Bertr. Carb. 29.
362 ababccddc: Bert. Zorgi 14.
363 ababccddccdd: Bertr. d'Alam. 5.
364 $a'_7 b_7 a'_7 b_7 c'_3 c'_3 d_2 d_4 d_2 e_7 e_7 f_7 f_7 g'_7$, : Guir. Riq. 7.
365 ababccdde (8 S.):
1) Guir. Riq. 47. -- 2) ab 7 S., cde 10 S.: P. Vidal 7. — 3) ? :
P. Milon 7.
366 $a_7 b_7 a_7 b_7 c_7 c_7 d_7 d_7 e_{10} e_{10}$:
1) Guir. del Oliv. d'Arle 77. — 2) 7 S.: Uc de S. Circ 25; Paul.
de Mars. 2; Guill. de la Tor 12; Bertr. Carb. 64, 89. — 3) 8 S.:
Bertr. Carb. 38; Guill. Aug. 2; Pistol. 5; Bern. de Prad. 3. —
4) 10 S.: Aim. de Peg. 11; Bertr. Carb. 25; Caden. 16. — 5) a b c d
10 S., c 8 S.: Guill. Magret 3. — 6) 7, 7, 7, 7, 7, 3, 5, 5, 5: Guir.
Riq. 11, 28; Trob. de Villa-Arn. 2. — 7) a b c d 8 S., e 10 S.: Bertr.
Carb. 65. — 8) a b d e 8 S., c 7 S.: Guill. Magr. 2. — 9) ab 5 S.,
cde 8 S.: Guill. Magr. 4. — 10) a b c 7 S., de 8 S.: Bertr. Carb. 51.
— 11) a b c e 8 S., d 7 S.: G. de Berg. 5. — 12) 7, 5, 7, 5, 5, 7, 4, 8, 7, 7:
Raim. de Tors 4 (Refr.).
367 ababccddeef (8 S.): P. Vidal 44.
368 $a_7 b_7 a_7 b_7 c_7 c_7 d_3 d_4 e_7 e_7 f_7 f_7$:
1) Caden. 12. — 2) 8 S.: Bertr. Carb. 86. — 3) a b c d e 7 S., f 10 S.:
Bertr. Carb. 54, 55, 69, 81; Caden. 22; Bertran e Javare (75, 4). —
4) a b c d e 8 S., f 10 S.: Bertr. Carb. 39, 94. — 5) a c d e f 7 S.,
b 5 S.: 'Aim. de Bel. 18.
369 $a_7 b_4 a_7 b_7 c_7 c_7 d_7 d_7 e_7 e_7 f_4 f_5 f_7$: Paul. de Mars. 3.
370 $a_7 b_7 a_7 b_7 c_7 c_7 d_7 d_7 e_7 e_7 f_7 g_5$: Paul. de Mars. 5.
371 $a_7 b_7 a_7 b_7 c_7 c_7 d_7 d_7 e_7 e_7 f_7 g_7 f_7 g_7 h_{10} h_{10}$: Bertr. Carb. 71.

372 $a_1b_1a_1b_1c_3c_3d_7d_5e_7f_7f_7e_7$: Bert. Zorgi 18.
373 ababccde (8 S.): Jaufre Rud. 4.
374 $a_1b_1a_1b_1c_7c_7d_1e_7d_7e_3$:
  1) Bert. Zorgi 5. — 2) ade 8 S., bc 7 S.: Sordel 12.
375 ababccdedef: Folq. de Rom. 2.
376 ababccdee (10 S.): Guir. de Born. 13.
377 ababccdeed 1) 7 S.: Guir. Riq. 73. — 2) 10 S.: Lanfr. Cig. 3.
378 ababccdeeff: Perdigo 10.
379 ababcd
  1) 7 S.: Marcabr. 36; Peire Raim. de Tol. 12. — 2) 8 S.: Cerc. 4; Peire d'Alv. 5.
380 ababcdbdc: Bert. Zorgi 11.
381 ababcdc s. Anm. 2.
382 $a_8b'_7a_8b'_7c_8d_8c_8c_8d_8$: Guir. de Born. 7.
383 ababcdcd
  1) 7 S.: Arn. de Mar. 10; Bonif. Calvo 11; Grim. Gausmar 1; Johan de Pennas 1; 461, 230 (?). — 2) 8 S.: Marcabr. 13 und Anm. 2. — 3) Bieiris de Roman 1; Serveri 9; Bertran de Roaix 1; Sordel e Montan 3; 461, 114, cf. No. 359; Raimon 3; Paves 1; Sordel 20; B. de Born 33; Bertr. Carb. 80; 461, 2 (gedr. alt. prov. Gramm. ed. Stengel, pag. VII). — 4) ac 8 S., bd 7 S.: Raimb. d'Aur. 32; Daude de Pradas 7. — 5) abd 7 S., c 5 S.: Guir. d'Esp. 6. — 6) acd 7 S., b 5 S.: 461, 92 (?). — 7) a 8 S., bd 6 S., c 5 S.: Guir. d'Esp. 12.
384 $a_8b_8a_8b_8c_4d_8c_4d_8c_{10}$: Bern. de Vent. 10.
385 ababcdcdd (10 S.):
  Gauc Faid. 30, 40; Gräfin v. Prov. 1; Gui de Cav. 6; Bertr. Carb. 21; Pons de Capd. 27; Ralmenz 1.
386 ababcdcddeee: Cadenet 20.
387 ababcdcde
  1) 7 S.: Gavauda 11. — 2) a 5 S., be 6 S., cd 8 S.: Peire Rogier 8 (Refr.).
388 $a_{10}b_{10}a_{10}b_{10}c_8d_8c_8d_8e_{10}d_{10}e_{10}d_{10}$:
  Guill. Fig. 8; Guill. Peire de Cazals 8.
389 ababcdcdededffeff: G. de Berg. 15.
390 ababcdcdee (7 S.): Raim. Mirav. 11; Guionet 1.
391 $a_1b_1a_1b_1c_7d_7c_7d_7e_7e_7f_{10}f_{10}$: Guir. del Oliv. d'Arle 45.
392 ababcdce: Gavauda 1.
393 ababcdcee: Aim. de Peg. 42.
394 ababcdd
  1) 7 S.: Guir. Riq. 62; 461, 117 (?). — 2) 8 S.: 461, 165. — 3) 10 S.: Guill. Cabest. 6.
395 ababcdda: Gauc. Faid. 49.

396 a b a b c d d b (10 S.): Guiraut 1 (Uc de S. Circ 2a).
397 a b a b c d d c
1) 6 S.: Pons de Capd. 13, 18. — 2) 7 S.: 461, 224; Formit de Perpignan 1; Raimb. de Vaq. 6. — 3) 10 S.: Pons de Capd. 14 Lanfr. Cig. 26, 21; Matheus e Bertran 1; Aim. de Bel. 12; Bertr.; Carb. 41, 11; Gauc. Faid. 37; Guill. de S. Leid. 4, 11; 461, 38; Bertran d'Alam. 9; Bertr. del Poj. 2; Bern. Tortitz 1; Peire de la Mula 2; Peire Vidal 41; Sordel 20a; Uc de S. Circ 20a — 4) a b 8 S., c d 10 S.: Blacasset 9; Sordel 3, 7; Guigo 1; Folq. Lunel 1; Bern. d'Aur. 2. — 5) a b c 8 S., d 7 S.: Gavauda 6; Bern. de Vent. 17. — 6) a bd 8 S., d 7 S.: Guill. Adem. 10. — 7) a d 8 S., b c 7 S.:: Peire d'Alv. 9.

398 $a_1 b_1 a_1 b_1 c_2 d_1 o d_1 o c_2 c_2$:
1) Raim. Mir. 45. — 2) 7 S.: Guir. Riq. 56.

399 a b a b c d d c d
1) 6 S.: Pons de Capd. 4, 21. — 2) 8, 8, 8, 8, 8, 8, 8, 8, 10: Pons de Capd. 5.

400 a b a b c d d c d d: s. Anm. 2.
401 a b a b c d d c e (7 S.): Guir. Riq. 8, 80.
402 a b a b c d d c e e
1) 7 S.: Castelloza 3. — 2) 10 S.: Aim. de Peg. 21. — 3) a b d 8 S., c 4 S., e 10 S.: Bertr. Carb. 1.

403 a b a b c d d e
1) 8 S.: Guill. Adem. 3. — 2) 10 S.: Guill. Adem. 9; B. de Born 41. — 3) a b c 7 S., d e 8 S.: Marcabr. 12.

404 $a_7 b_7 a_7 b_7 c_7 d_7 d_7 e_7 e_7$
1) Guir. Riq. 4 (Refrz.). — 2) 10 S.: Gauc. Faid. 60; Pons de Capd. 23.

405 a b a b c d d e f f (7 S.): Gauc. Faid. 16.
406 $a_8 b_8 a_8 b_8 c_1 d_{10} e_{10}$:
1) Arn. Daniel 12. — 2) a b e 8 S., c d 7 S.: Bern. Marti 4. — 3) 7 S.: Marcabr. 38. — 4) 8 S.: 461, 197.

407 a b a b c d e c: Lamb. de Bon. 6.
408 a b a b c d e d 1) 7 S.: Jaufre 1. — 2) 10 S.: Bonif. Calvo 16
409 a b a b c d e e c (7 S.): Gavauda 4.
410 a b a b c d e e c f d g h d h g: Bert. Zorgi 16.
411 a b a b c d e e f: Bern. Marti 1.
412 a b a b c d e f e: G. de Cabest. 8.
413 a b a c b c c d e f d e f f g g: Bert. Zorgi 2.
414 $a_8 b_7 a_8 c_8 a_7 d_8 d_8$: Raim. Mir. 10.
415 a b a c c b b d d (10 S.): Gauc. Faid. 14, 22; 461, 234.
416 a b a c c d b e (7 S.): P. d'Alv. 2.
417 $a_7 b_7 a_7 c_5 c_5 d_7 c_5 e_5 e_5 e_5 f_5 f_5 a_3 g_4 (?) g_5$:
461, 214; Guir. de Born. 36; Montan 4; Peire de Buss. 2.

418 $a_8 b'_7 a_8 c'_7 c'_7 d_8 d_8$
   1) Beatr. de Dia 3. — 2) ab 8 S., cd 10 S.: El. d'Uis. 2, 3. —
   3) 8 S.: Bern. de Vent. 15. — 4) 10 S.: Peirol 1.
419 abaccdddbeee: Gauc. Faid. 7.
420 $a_8 b_8 a_8 c_8 c_8 d'_7 d'_7 e_6$:
   1) Bern. de Vent. 21. — 2) 10 S.: Arn. de Mar. 12.
421 $a_7 b_7 a_7 c_4 c_8 d_{10} d_{10} e_8 e_8$:
   1) Raim. Mir. 25. — 2) 10 S.: Guir. del Oliv. 68.
422 abaccdee (7 S.): Raimb. d'Aur. 25.
423 abacdbde: Raimb. d'Aur. 37.
424 abacdcd (7 S.): Raimb. d'Aur. 11.
425 $a_8 b_8 a_4 c_8 d_8 c_8 d_8 e_8 f_8$: Marcabr. 35 (Refr.)
426 abacdce (8 S.): P. d'Alv. 13.
427 $a_8 b_8 a_8 c'_7 d_8 d_8$ (Refrr.): P. Bremon 7.
428 $a'_8 b_8 a'_8 c_{10} d_{10} d_{10} c_{10}$: 461, 47.
429 a'b'a'cd'd'cb' (7 S.): Bern. de Vent. 23.
430 abacddcc (10 S.): Guir. Riq. 71.
431 abacdde s. Anm. 2.
432 $a_8 b'_7 a_8 c_8 d'_7 e_8 e_8$:
   1) Bonif. de Cast. 2. — 2) 10 S.: Arn. de Mar. 24.
433 abacdeef (8 S.): P. Rogier 4 (Refr.).
434 abbaaa: Serveri 4.
435 $a_7 b'_7 b'_7 a_7 a_8 a_7 b'_7 b'_3 a_7$: 1) Gauc. Faid. 45. — 2) 10 S.: 461, 211.
436 abbaaabbcc: Arn. de Branc. 1.
437 abbaac'c'd (10 S.): Daude de Prad. 9.
438 abbaab s. Anm. 2.
439 ab'b'aab'aab' (7 S.): Bernart 3.
440 abbaabaaba (7 S.): Raim. Mir. 7; 461, 247.
441 abbaabab (8 S.): Guir. Riq. 82.
442 $a_7 b_3 b_3 a_7 a_7 b_8 a_7 c_7 c_7 a_7$: Guill. de S. Leid. 2.
443 $a_7 b_3 b_7 a_8 a_7 b_7 b_7$: Raimb. d'Aur. 20.
444 abbaabba s. Anm. 2.
445 abbaabbaa (7 S.): Folq. de Mars. 10.
446 abbaabbaab (5 S.): Guir. del Oliv. 35.
447 abbaabbabaa (7 S.): Gauc. Faid. 44.
448 $a_8 b_8 b_8 a_8 a_8 b_8 b_8 a_8 c_{10} c_{10}$: Guir. de Born. 55.
449 $a_8 b_8 b_8 a_8 a_8 b_8 b_8 a_8 c_7 c_{10} d_{10} d_{10}$:
   1) Joan Esteve 1. — 2) d 8 S.: Gausb. de Poic. 11.

450 abbaabbacdecde (12 S.):
   Jacme Mote 2; Bertr. d'Al. 18; Blacasset 7.
451 $a_8b_8b_8a_8a_8b_8b_8c_{10}c_{10}$: Guir. de Born. 27.
452 abbaabbccdcd (6 S.): Gui 2.
453 $a_8b_8b_8a_8a_8b_8b_8c_8d_8d_{10}$: Guir. de Born. 6.
454 $a_7b_8b_8a_8a_8b_8c_8a_8b_8c_8$: Raim. Mir. 41.
455 abbaabcbcb (8 S.): B. de Born 10; Gauc. Faid. 58.
456 $a_8b_8b_8a_8a_8b_8c_{10}c_{10}$:
   1) Gui d'Uis. 2. — 2) 6, 6, 6, 6, 8, 8, 10, 10: Raim. Mir. 15.
457 $a_7b_7b_7a_7a_7b_7c_7c_7d_{10}d_{10}$: 1) Cadenet 10. — 2) 7 S.: P. Vidal 11.
458 $a_8b_8b_8a_8a_8b_8c_8c_8d_8d_8e_8e_8$: Guir. de Born. 5.
459 abbaabccdeed (8 S.): Pons de Capd. 8.
460 $a_4b'_8b'_8a_6a_7c_8$: 1) Aenac 1. — 2) 8 S.: Serveri 8.
461 $a'_{10}b_{10}b_{10}a'_{10}a'_9c_8a'_8c_8a'_8$: Alb. de Sest. 6.
462 $a_8b_8b_8a_8a_8c'_7a_8c'_7e_8e_8d_8d_8c'_7$: Guill. Peire de Cazals 7.
463 abbaacc s. Anm. 2.
464 abbaacca s. Anm. 2.
465 abbaaccaa s. Anm. 2.
466 abbaaccb (10 S.): Ber. de Pal. 4; Gui d'Uisel 11 (Refrr.)
467 $a_7b_7b_7a_7a_7c_7c_7c_8d_7d_7$: Guill. de la Tor 7.
468 $a_8b_8b_8a_8a_8c_8c_8c_8d_4d_8e_8e_8$: Folq. de Mars. 23.
469 abbaaccd
   1) 7 S.: P. Raim. de Tol. 3; Lunel Monteg 1. — 2) 10 S.: Marti de Mons 1 (B. Chr. 895).
470 abbaaccdc s. Anm. 2.
471 abbaaccdd
   1) 7 S.: Folq. Rom. 10. — 2) 8 S.: Aim. de Peg. 37; Guill. Aug. 6; Rost. Ber. 5; Bort del rei d'Ar. 1; Uc de S. Circ 85; Raim. Mir. 2; Alb. de Sest. 1. — 3) 10 S.: Guill. Magr. 6; Bern. d'Aur. 4; Uc Catol. 2; Aim. de Peg. 48; Gauc. Faid. 63. — 4) 8, 8, 8, 8, 10, 10, 10, 10, 10: Montan 1; Guill. Mont. 4; Gui d'Uisel 3, 17. — 5) abc 10 S., d 8 S.: Gui d'Uis 8. — 6) ab 8 S., cd 10 S.: Mönch v. Mont. 17. — 7) 7, 7, 7, 7, 7, 7, 3, 5, 7: Raim. Jordan 4. — 8) ab 8 S., cd 6 S.: Gui d'Uisel 6. — 9) 10, 10, 10, 10, 4, 6, 6, 10, 10: El. Cairel 11. — 10) ?: Granet 8.
472 abbaaccddc (10 S.): Mönch. v. Mont. 3; P. Vidal 33.
473 $a_8b_8b_8a_8a_8c_8c_8d_8d_8d_8d_8$: Guill. Peire de Caz. 2.
474 $a_8b_8b_8a_8a_4c_4c_8d_8d_8d_4e_4e_8$: Guill. Peire de Caz. 4.
475 abbaaccddee s. Anm. 2.
476 abbaaccddeec (6 S.):
   Blacatz 1, 6; Ismart d'Entrevenas 2; Maistre 1.

477 $a_8b_8b_8a_8a_4c_8c_8d_8d_8e_4e_8f_8f_8$: Guir. de Born. 60.
478 abbaaccde (10 S.): Bertr. Carb. 93.
479 abbaacdedd (10 S.): Bertol. Zorgi 1.
480 abbaac(?)dd (10 S.): Sordel 14.
481 $a_7b_7b_7a_7a_7c_{10}d'_{10}d'_{10}c_{10}$:
   1) Aim. de Peg. 8. — 2) 6 S.: Guill. Peire de Caz. 9. — 3) 10 S.: Mönch v. Mont. 4. — 4) a 7 S., bcd 8 S.: Bert. Zorgi 9.
482 abbaacddcc s. Anm. 2.
483 $a_7b_7b_7a_7a_7c_7d_7d_7c_7e_{10}e_{10}$:
   Perdigo 2; Uc de S. Circ 26a (B. Chr. 298).
484 abbaacdddc: Huc del Valat 1.
485 abbaba (8 S.): B. de Born 23.
486 $a_7b_8b_7a_8b_7a_7c_8c_7d_8d_7$: Gausb. de Poicib. 3.
487 $a_8b_8b_7a_8b_8b_1a_8b_8b_1a_8b_8b_1c_8c_1d_8d_1c_8c_1d_8c_8c_1d_8d_1c_8c_1d_8$
   $e_8e_8f_8f_1e_8e_8f_8f_1e_8e_8f_8f_1e_8e_8f_8f_1$:
   Aim. de Peg. 45; Joan Esteve 8.
488 abbabbabbabbcddccddcddccddeeeffeeffeeffeeff:
   Raim. Guill. 1; Ferrari 1.
489 $a_4b_7b_8a_8b_7b_8a_7b_7b_7c_7$: Peire Raim. de Gir. 1.
490 abbabbacddc (7 S.): Gausb. de Poicib. 13.
491 $a_7b_7b_7a_7b_7b_7c_7b_7c_7b_7b_7b_4$:
   Raimb. de Vaq. 7 (Descort).
492 abbabbcc:
   1) 10 S.: 461, 61. — 2) ab 7 S., c 10 S.: 461, 94. — 3) 7, 5, 7, 7, 7, 7, 10, 10: El. de Barj. 5. — 4) 8, 8, 8, 7, 7, 7, 8, 7 (grammat. R.): Bern. de Vent. 7. — 5) 8, 8, 8, 8, 10, 10, 10, 10: Raim. Mirav. 13.
493 abbabbccdd
   1) 6 S.: Peire Vidal 24. — 2) abc 7 S., d 10 S.: Guir. del Oliv. d'Arle 28.
494 $a_7b_8b_8a_7b_8b_8c_7c_6d_7d_8e_{10}e_{10}$: Bert. Zorgi 12.
495 $a_7b_8b_7a_7b_8c_8a_8a_{10}d_{10}d_{10}$ (Refrz.): Rich. de Berbez. 6.
496 $a_7b_7b_7a_7b_7c_{10}c_{10}a_{10}c_{10}d_{10}d_{10}$: Folq. de Mars. 15.
497 abbabccbcc (8 S.): Bern. de Prad. 1.
498 abbac (10 S.): Serveri 11.
499 $a_8b_8b_8a_8c'_7a_8a_8c'_7$: 1) B. de Born 35. — 2) 10 S.: 461, 249.
500 ? $a_8b_7b_8a_8caacc\ldots$: 461, 126.
501 abbac'abc' (7 S.):
   Mönch v. Mont. 12; Folq. de Mars. 12; Bertr. de Born 8; Palais 2.
502 abbacaca (10 S.): Lanfr. Cig. 19.
503 abbacacdd (7 S.): Sordel 36.
504 abbacadcd (10 S.): Ric. de Berb. 9.

505 abbacbbe (10 S.): Folq. Rom. 12; Rich. de Berb. 10.
506 abbacbbd (10 S.): Izarn Rizol 1.
507 abbacbddd (10 S.): Folq. de Mars. 6.
508 abbacc
1) 10 S.: Serveri 1, 12, 16; Uc Brunet 3. — 2) Lemozi 1; 461, 84. — 3) ab 7 S., c 10 S.: Serveri 10. — 4) ?: 461, 112.
509 abbacca
1) 8 S.: Bern. de Vent. 32. — 2) 10 S.: Sordel 19; Arn. de Mar. 5. — 3) ab 8 S., c 7 S.: Aim. de Bel. 16; Peire Bremon lo Tort 1. — 4) 7, 7, 7, 7, 10, 10, 10: Aim. de Peg. 14.
510 abbaccaa
1) 7 S.: Pons de Capd. 6. — 2) 8 S.: 461, 121. — 3) 10 S.: Sordel 10; Guir. Riq. 36. — 4) 8, 8, 8, 8, 8, 8, 10, 10: Raim. Mir. 16.
511 abbaccaac (7 S.): Aim. de Bel. 19.
512 abbaccaadd s. Anm. 2.
513 abbaccaaddee (8 S.): Bertr. Carb. 20.
514 abbaccad s. Anm. 2.
515 $a_6 b_3 b_3 a_3 c_3 c_3 a_3 d_{10} d_{10}$:
1) Blacasset 3; Arn. de Com. 1; Pons de Capd. 5; Guill. Gasmar 1. — 2) 10 S.: Aim. de Peg. 10. — 3) 7, 7, 7, 7, 7, 6, 6, 10, 10: Aug. Nov. 2.
516 abbaccadda (7 S.): Ber. de Pal. 7.
517 abbaccadeed (7 S.): Adem. de Rocaf. 1.
518 abbaccb 1) (10 S.): Ber. de Pal. 5. — 2) ?: P. d'Alv. 18.
519 $a_6 b_3 b_3 a_3 c_3 c_3 b_{10} b_{10}$:
1) Raim. Mir. 16. — 2) 7 S.: Guir. del Oliv. 37. — 3) 10 S.: 461, 215.
520 abbaccbbdd (7 S.): 461, 192.
521 abbaccbd (10 S.): Raim. Jord. 11.
522 $a_6 b_3 b_3 a_6 c_6 c_6 b_6 d_4 d_6 e_6 e_6 b_6 b_6$: Guir. de Born. 75.
523 abbaccc (10 S.): Peire Vidal 9.
524 abbacccc (10 S.): Mönch v. Foissan 3; 461, 68, 174.
525 $a_7 b_7 b_7 a_7 c_3 c_3 c_3 c_7 a_7$: Raimb. d'Aur. 13.
526 abbaccccc s. Anm. 2.
527 $a_6 b_6 b_6 a_4 c_4 c_4 c_4 c_4 c_4 d_3$:
Raim. Mir. 29; Esperdut 2; Guir. de Born. 12.
528 $a_{10} b_{10} b_{10} a_{10} c_3 c_3 c_3 d_7 d_7$:
1) Guir. Riq. 89. — 2) 10 S.: Aim. de Peg. 30.
529 $a_{10} b_{10} b_{10} a_{10} c_{10} c_{10} c_{10} d_4 d_6 e_6 e_6$:
1) Ber. de Palas. 2 (Mönch v. Mont. ?) — 2) 7 S.: Gausb. de Poic. 10. — 3) acde 8 S., b 7 S.: Guill. de Berg. 13.
530 abbaccd
1) 7 S.: P. Vidal 1; Guir. de Born. 67. — 2) 8 S.: P. Rogier 7; Raimb. d'Aur. 34; Gausb. d'Amiel 1; Raimb. de Vaq. 21; Guill.

Adem. 1; Bern. de Vent. 5; Azara 1; Jaufre Rudel 1. — 3) 10 S.: Serveri 5; Guir. Riq. 33, 44; Bern. de Vent. 42; Cadenet 1.

531 abbaccdc (10 S.): Folq. de Mars 21; Bertr. Carb. 59.
532 abbaccdcd (10 S.): Guir. Riq. 5.
533 abbaccdceeff (7 S.): Folq. de Mars. 7.
534 abbaccdceffccc s. Anm. 2.
535 $a_s b_s b_s a_s e_s c_s d_s d_s$:
1) Daude de Prad. 4. — 2) a b c 10 S., d 8 S.: El. Cairel 8 s. No. 134. — 3) a 8 S., b c 7 S.; d 10 S.: Guir. Riq. 83. — 4) a b 7 S., c 10 S., d 8 S.: Raim. Mir. 44. — 5) a b 7 S., cd 8 S.: Daude de Prad. 14. — 6) a 7 S., bcd 8 S.: Guill. Adem. 11. — 7) 10, 10, 10, 10, 8, 8, 8, 10: Blacatz 12. — 8) a b c 7 S., d 8 S.: 461, 150. — 9) a c 7 S., bd 8 S.: Raim. Mir. 36. — 10) 7, 7, 7, 7, 7, 7, 5, 7: Guir. de Born. 43. — 11) 7, 7, 7, 5, 4, 7, 7, 7: Peirol 10. — 12) 8, 8, 8, 8, 8, 8, 8, 10: Bertr. Carb. 48. — 13) a b 7 S., cd 10 S.: Peire del Vern 1; Raim. Mir. 26. — 14) 10, 10, 10, 10, 6, 10, 10, 10: Pons de Capd. 10; Bonif. de Cast. 3; Eble d'Uis. 2; Peire Torat 1. — a b c 7 S., d 10 S.: Lanfr. Cig. 18; Aim. de Peg. 34; Folq. Lunel 4: 461, 67; Sordel 9 (bezw. 9a). — 16) a b 8 S., c 7 S., d 10 S.: Guir. Riq. 10; Bern. de Vent. 1; Guill. de Mur 7; Sordel 27; Raim. Mir. 24; Guigo de Cab. 2; Aim. de Peg. 41. — 17) 7, 5, 7, 7, 7, 7, 10, 10: Aim. 2 (Sordel 3a); Bern. de Rov. 3; Raim. Mir. 22; Lanfr. Cig. 11, Folq. 1; Fortunier 1; B. de Born 18; Bertr. d'Alam. 20; Oste 1; Auzer Fig. 1 (Aim. de Peg. 9); Taurel 1. — 18) a b 8 S., c d 10 S.: Guir. del Oliv. d'Arle 32, 40, 69; Isabella 1; El. Cairel 9; Izarn Marq. 1; Gauc. Faid. 13 (El. d'Uisel 2, 3); P. Card. 3; Aim. de Sarlat 3; Lanfr. Cig. 24; Mar. de Vent. 1; Guill. de Mur 5; Raimb. de Vaq. 17; Nat de Mons 1; 461, 116. — 19) a b c 8 S., d 10 S.: Bonif. Calvo 5; Guir. del Oliv. d'Arle 6, 52, 57; Bertr. Carb. 70, 92; Pons de Capd. 16; Gui de Glotos 1; Uc de S. Circ 33; Gnir. Riq. 37; Raim. Mir. 28; 461, 154; Bern. de Tot lo Mon 1; Gauc. Faid. 3; El. de Barj. 8. — 20) 10 S.: P. Espanh. 2, 3; Guir. Riq. 88; Guir. del Oliv. 9, 56, 65; 461, 111, 187, 243; Pistol. 7; Joan Est. 6; Perdigo 14; Giraudo lo Ros 7; Raim. de las Salas 5; Guir. de Sal. 1; Aim. de Bel. 1; Matfre Erm. 3; 461, 170b Hds. N 144.; Guill. de Cabest. 7; Guir. d'Esp. 11; Aim. de Sarlat 2; Sordel 2; Rost. Bereng. 6; Bertr. Carb. 30, 37, 44, 56; Aust. de Segr. 1; 461, 18; Raim. Menudet 1; Raim. Gauc. 1; Oliv. del Temple 1; Guill. Anel. 3; Guir. Riq. 14; Guill. de S. Leid. 9; Moter 1; Alb. de Sest. 14; Peire Milo 2; Pistol. 1; Perdigo 7; 461, 242; Aim. de Peg. 7; Bertr. de Paris 1; Aim. de Bel. 3; Guir. de Born. 50; Peire Bremon 8; Enric 1; Pons de Capd. 1; 461, 236; Peire Bremon 21; Bereng. Trob. 1; P. Raim. de Tol. 17; Bern. de Bond. 1; 461, 139; Raimb. de Vaq. 28; Refors. de Forc. 1; P. Vidal 10, 49; Bert. Zorgi 8 (s. Anm. 2); Raim. de las Salas 1; Pons de Capd. 20; P. Vidal 36; Aim. de Peg. 18, 22, 28; Blacatz 7; Daude de Prad. 6; Guir. de Cal. 2; Peire Milon 6; Guir. Riq. 45; Sordel 5; 461, 181; Serveri 3; Guill. de Sal. 1; Gauc. Faid. 35; Rayn. de Tres Sauzes 2; Raim. Jordan 1; Bertr. Carb. 66; Guir. Riq. 16, 57; Peire Trab. 1; Raim. Gauc. 9; Blacasset 11; Bertr. Carb. 17, 67, 19, 88; Ber. Trobel 2; Daude de Prad. 17; Guir. del Oliv. 49; Aim. de Bel. 14; Peire Vid. 50; Peire

Duran 8; Pons de Capd. 22; Aim. de Peg. 12; Lunel de Mont. 3; Uc de S. Circ 16; Bertr. Carb. 60, 8; Ponso 1. — 21) 8 S.: Aim. de Peg. 3; 461, 128; Daude de Pradas 1, 18; 461, 155; Guir. del Oliv. d'Arle 27, 34; Folq. Lunel 5; Bertr. Carb. 46, 22, 9, 18; P. d'Alv. 22; Pons de Capd. 15; Peire Vidal 8, 30; Aim. de Belenoi 4; Guir. de Born. 8; 461, 78; Guill. Adem. 7; Guill. de S. Leid. 6; Joan d'Albuzon 1; Guill. Fi. 6; 461, 134; Guill. de Berg. 14; Folq. Rom. 3; 461, 86; Raim. Mirav. 20; Peire de Vilar 1; 461, 54; Alb. de Sestaro 16; Guir. Riq. 17; Peire Vidal 31, 39; Adem. de Rocaf. 2; Gauc. Faid. 1; Uc de Pena 1; 461, 95. — 32) 7 S.: Bonif. Calvo 15; Guir. Riq. 23, 61; Guir. del Oliv. d'Arle 7, 62, 66; Peire Vidal 15, 28; Aim. de Peg. 2; Guill. Adem. 2; Ber. de Palaz. 6; Bertr. de la Tor A (Dalfin. d'Alv. 5); Richart I. 1; Gar. d'Apch. 1; Dalfi d'Alv. 8; Raim. Castelа. 1; Peire Vidal 16; Aim. de Peg. 24; Uc de S. Circ 32; Raim. de Mir. 45; El. de Barjols 2; 461, 189, 210a (?); Ber. de Palaz. 12; Peire Vidal 47; Adem. lo Negre 3; Azal. de Porcar. 1. — 23) ?: 461, 220.

536 abbaccdda
1) 8 S.: Uc de S. Circ 44; Eble d'Uisel 1. — 2) 10 S.: Raim. Jordan 12; Peire 2; Guir. del Cal. 3; Peire Guill. de Luz. 1; Guir. del Oliv. 54. — 3) abd 8 S.; c 10 S.: 461, 193.

537 a₇b₇b₇a₇c′,c′,d₅d₅a₅a₇: Gausb. de Poic. 8.

538 abbacedda b (7 S.): Lamb. de Bon. 7.

539 a₆b₆b₆a₆c₁₀c₁₀d′₁₀d′₁₀b₁₀: Guir. del Oliv. d'Arle 22.

540 a₆b₆b₆a₆c₆e₆d₆d₆b₁₀b₁₀: Bertr. Carb. 31.

541 a₇b₆b₆a₇c′,c′,d₇d₇b₆b₆e₇e₇f₇f₇: 461, 137.

542 abbaccddc
1) 7 S.: Bern. de Tot lo Mon 3; Arn. Plag. 1; Uc de S. Circ 21, 15, 34; Folq. de Rom. 14. — 2) 10 S.: Bonif. Calvo 12; Guir. del Oliv. 15. — 3) ab 7 S., cd 10 S.: Guir. lo Ros 2. — 4) 8, 8, 8, 8, 7, 7, 10, 10, 10, 10: Gauc. Faid. 54.

543 abbaccddcc
1) 8 S.: 461, 213. — 2) ab 8 S., cd 10 S.: Guir. del Oliv. 38.

544 a₇b₇b₇a₇c₇c₈d₄d₄d₄d₇: 1) Perdigo 5. — 2) 461, 179.

545 abbaccdddeeff (8 S.): Graf von Rod. 2.

546 abbaccdde
1) 10 S.; Rich. de Berb. 8; Guill. Mont. 8; Perdigo 9 (und 6); Daude de Pradas 9a, 11 (Joyas pag. 235). — 2) 10, 10, 10, 10, 10, 4, 10, 10, 10: P. Raim. de Tol. 18. — 3) abcd 8 S., e 7 S.: P. Raim. de Tol. 20. — 4) abc 8 S., de 10 S.: Bern. de Vent. 13. — 5) 7 S.: Dalfi d'Alv. 6; Guir. Riq. 79. — 6) 8 S.: Aim. de Peg. 6; Daude de Pradas 9b.

547 abbaccddebe b (8 S.): Guir. del Oliv. d'Arle 19.

548 abbaccddedde: P. Bremon 12.

549 a₆b₆b₆a₆c₆c₆d₆d₆e₁₀e₁₀
1) Aim. de Bel. 6. — 2) 7, 5, 7, 7, 10, 10, 10, 10, 10, 10: Raim. Bist. de Russ. 1; Cadenet 17. — 3) 7 S.: Uc de S. Circ 18; Bertr.

Carb. 34; Guir. Biq. 12; Uc de S. Circ 3; n'Iseus en Almuc 2; Guir. del Oliv. 21; Bertr. d'Alam. 15; Juillem 5. — 4) 8 S.: Garin d'Apch. 5; Raimb. de Vaq. 23; Lamb. de Bonan. 8; Daude de Prad. 2, 3, 10; Raimbaut 1; Bertr. Carb. 49 (?); Gauc. Faid. 5, 8; 461, 149; Aim. de Bel. 13; Sordel 23; 461, 237; Bertr. Carb. 47.—
5) 6 S.: Guir. Biq. 27; Peire Vidal 21; Aim. de Bel. 7. — 6) 10 S.: Lamb. de Bon. 1; Bertr. Carb. 12, 2, 58 (24); 461, 186; Guill. de la Tor 8; Guir. del Oliv. d'Arle 43, 70; Lanfr. Cig. 8. — 7) abcd 8 S., e 10 S.: Bertr. Carb. 35, 74. — 8) ab 8 S., cde 10 S.: Guir. del Oliv. d'Arle 60; Lanfr. Cig. 20. — 9) abcd 7 S., e 10 S.: Uc de S. Circ 12. — 10) 5,5,5,5,7,7,10,7,10,7: Raim. Jord. 10. — 11) 6,6,6,6,6,6,6,6,6,10: Alb. de Sest. 2. — 12) abc 8 S., d 7 S., e 10 S.: Arman e Bernart de la Barta 1. — 13) ab 7 S., cde 8 S.: Cadenet 4. — 14) abc 8 S., c 7 S., e 10 S.: Gui d'Uisel 1. — 15) 7,5,7,5,7,7,5,7,8,8: Gauc. Estaca 1. — 16) 7,7,7,7,7,3,7,7,10,10: Guir. d'Esp. 13. — 17) 7,7,7,7,7,7,5,7,7,7: Guill. de la Tor 4. — 18) abe 8 S., c 7 S., d 5 S.: Peire Bremon 1. — 19) abde 8 S., c 10 S.: Guill. de la Tor 5. — 20) ?: Guir. del Oliv. d'Arle 4, 18, 10, 61, 3, 24, 17; Daude de Prad. 8; Raimbaut 4; Peire Duran 1.

550 $a_7 b_5 b_3 a_1 c_{10} c_1 d_{10} d_1 e_1 e_{10} e_{10}$:
   1) Cadenet 25. — 2) 6 S.: Isnart d'Entrevenas 1. 2.

551 abbaccddeed (7 S.): Cadenet 18; Geneys lo Joglar 1.

552 abbaccddeeeff (8 S.): Savaric de Mauleo 2.

553 $a_{10} b_{10} b_{10} a_{10} c_{10} c_1 d_{10} d_1 e_1 e_1 f_1$:
   1) Daspols 1. — 2) abcd 7 S., cf 8 S.: Guill. Magret 1. — 3) 10 S.: Guill. d'Autpol 1.

554 $a_8 b_8 b_3 a_1 c_8 c_8 d_8 d_8 e_{10} e_1 f_1 f_8$:
   1) Guir. del Oliv. d'Arle 16. — 2) abcef 10 S., d 8 S.: Bertr. Carb. 45. — 3) ab 6 S., cdef 8 S.: Peire Vidal 20. — 4) 6 S.: Aim. de Peg. 49. — 5) 8 S.: Raimb. de Vaq. 24. — 6) 10 S.: Arn. Peire d'Ag. 1. — 7) ?: El. Cairel 3; Guir. del Oliv. 20, 25, 26, 30, 33, 48, 55, 67.

555 abbaccddeeffgg
   1) 6 S.: Aim. de Peg. 46. — 2) ?: Guir. del Oliv. d'Arle 63, 58, 59.

556 abbaccddeeffgghh (6 S.): Raimb. de Vaq. 20.

557 $a_8 b_8 b_3 a_1 c_{10} c_1 d_{10} d_1 e_6 f_6 f_6 e_6$: Guill. de Berg. 3.

558 abbaccde (10 S.): Peire Raim. de Tol. 6; 461, 84 (?).

559 abbaccded (10 S.): 461, 129; Pons de Capd. 3.

560 abbaccdede (10 S.): Guir. de Cal. 6.

561 $a_7 b_5 b_3 a_1 c_6 c_8 d_6 e_3 d_6 e_6 f_6$: Paul. de Mars. 8.

562 $a_5 b_5 b_3 a_3 c_7 c_7 d_{10} e_8 e_{10}$:
   Raimb. de Vaq. 8; Raim. Mirav. 14; Uc de Matapl. 1 (Raim. Mirav. 30). — 2) ?: 461, 24, 30. — 3) 10 S.: Pons de Capd. 7. — 4) ab 10 S., c 6 S., de ?: Peire Guill. de Tol. 2.

563 abbaccdeed
   1) 10 S.: Rost. Bereng. 4; 461, 10. — 2) 7, 7, 7, 7, 6, 5, 6, 6, 5, 6: Peirol 30.

564 abbacd (10 S.): Serveri 6.
565 abbacdadeff (7 S.): Bertr. de Born 38.
566 abbacdc (7 S.): Guir. Riq. 87.
567 abbacdcd
   1) 7 S.: Peire de Vilamur 1; Guir. Riq. 60. — 2) 8 S.: Serveri 13;
   Ric. de Tarasco 1; Guir. Riq. 48; Peire d'Alv. 14. — 3) 10 S.:
   Raim. Gauc. 2; Jordan de l'isla de Ven. 1; Guir. Riq. 63. —
   4) ab 8 S., cd 10 S.: Pons de Capd. 9. — 5) ?: Raimon Valada 1.
568 abbacdcdcc (10 S.): 461, 136.
569 $a_8b_8b_8a_8c_8d_8c_8d_8d_8c_8e_{10}e_{10}$: Guir. del Oliv. d'Arle 74.
570 $a_7b_7b_7a_7c_7d_7c_7d_7d_8e_8e_8f_7f_7$: Cadenet 21.
571 abbacdcddeffegg (7 S.): Guir. del Oliv. d'Arle 2.
572 $a_{10}b_{10}b_{10}a_{10}c_8d_8c_8d_8e_7e_7$:
   1) Peire Bremon 2. — 2) 8 S.: Guir. del Oliv. 5. — 3) abcd 6 S.,
   e 10 S.: Cadenet 8.
573 abbacdcdefef (7 S.):
   Raim. Bist. 4; 461, 78a (Riv. di fil. I, 44); Cadenet 7.
574 abbacdce (7 S.): Bern. de Vent. 16.
575 abbac'dc'ee (7 S.): Bern. de Vent. 20.
576 abbacdd
   1) 8 S.: Guill. Ademar 12; Folq. de Mars. 9. — 2) 10 S.: Bereng.
   de Palaz. 11; Bertr. Carb. 10; Alb. de Sest. 12. — 3) abd 8 S.,
   c 7 S.: Peire d'Alv. 4. — 4) ?: 461, 85.
577 abbac'd'd'a (10 S.): Mönch von Foissan 2.
578 $a_8b_8b_8a_8c_8d_8d_8b_8c_8c_8$: Aimeric de Sarlat 1.
579 abbacddc
   1) 7 S.: El. de Barj. 7, 9, 11; Bonif. Calvo 6; Uc Brunet 2; Blacatz 4;
   Bischof v. Basaz 1; Guill. Anel. 2; Joan Esteve 3; Pons d'Ortafas 2;
   Bern. de Vent. 8; Guir. del Oliv. 50, 51, 72. — 2) 8 S.: Uc
   Brunet 1; Daude de Pradas 12; Bertr. de Born lo Fils 1; Bern.
   de Vent. 31; Pons de Capd. 15; Peire Raim. de Tol. 14; 461, 101;
   Beatr. de Dia 4; Guir. del Oliv. 41. — 3) 10 S.: Guill. Peire de
   Caz. 6; Pons de Prinhac 1; Bern. de Vent. 34; Guill. de S. Leid. 15;
   Raim. Gauc. 8; Uc Brunet 4; Raimb. de Vaq. 2; Clara d'And. 1;
   Guill. d'And. 1; Bertr. d'Alb. 1, 2; Gauc. Faid. 28; Pons de Capd. 12;
   Guill. Fig. 7; Guir. Riq. 86; Folq. de Mars. 3; Uc Brunet 7; Raimb.
   de Vaq. 10, 31; P. Raim. de Tol. 16; Peire Milon 7; Uc de S. Circ
   26; 461, 217; Aim. de Peg. 50; Bert. Zorgi 13; Rost. Ber. 8; Sor-
   del 26; Lanfr. Cig. 12; Peire Vidal 14; Ber. de Peixr. 1; 461, 127;
   Uc de S. Circ 6; Joan Est. 2; Folq. de Mars. 16; Raimb. de Vaq. 25;
   Bertr. Carb. 78; Guill. Cabest. 4 s. noch Anm. 2. — 4) ab 8 S., cd 10 S.:
   Folq. Lunel 2; Guir. del Oliv. 64; Bern. d'Aur. 1; Rich. de Berb. 5. —
   5) ac 8 S., bd 7 S.: Pons Fabre 1; Bertr. Carb. 16. — 6) 7,7,7,
   7,7,5,7,7: Peire Milon 9; Peirol 9. — 7) acd 8 S., b 7 S.: Ber.
   de Palaz. 10; Mönch v. Mont. 7; Raim. Mirav. 39. — 9) 10,8,8,8,
   10,10,10,10: Alegret 1. — 10) ab 10 S., c 5 S., d 4 S.: Graf v.
   Rodes 1 (Uc de S. Circ 33a). — 11) ab 8 S., cd 7 S.: Uc Brunet 6. —

12) ad 7 S., bc 8 S. (?): Cadenet 9. — 13) 7, 5, 7, 5, 8, 7, 7, 8: El. de Barj. 4. — 14) ac 7 S., bd 8 S.: El. de Barj. 1. — 15) ab 5 S., cd 7 S.: Guir. del Oliv. d'Arle 8. — 16) abd 8 S., c 7 S.: Guir. lo Ros 6; Raim. de las Sal. 3; Raim. Mirav. 81. — 17) acd 8 S., b 7 S.: Guill. de Bal. 1. — 18) ?: Lanfr. Cig. 7; Astorc de Galhac 1; Guill. Raimon 1; Arnaut Donat 1.

580 abbacddca (6 S.): Guir. del Oliv. d'Arle 47.
581 $a_3 b_7 b_7 a_7 c_7 d_7 d_7 c_7 b_8 b_8 c_8$: Folq. de Mars. 20.
582 abbacddcc: s. Anm. 2.
583 abbacddccd (8 S.): Guill. de S. Gregori 3.
584 abbacddc | cddc (10 S.): 461, 60.
585 abbacddcd (10 S.): Peire de Cols 1.
586 $a_8 b_8 b_8 a_8 c_8 d_8 d_8 c_8 d_8 d_8$: Peire Ermeng. 1; Matfre Erm. 2.
587 $a_7 b_7 b_8 a_7 c_7 d_7 d_5 c_7 d_8 e_7 e_7 f_8 f_7$: Gausb. de Poicib. 6.
588 abbacddce (10 S.): Guill. de S. Leid. 13.
589 abbacddcec (7 S.): Guir. del Oliv. 71.
590 abbacddcee
  1) 6 S.: Cadenet 3. — 2) 7 S.: Guir. del Oliv. d'Arle 29, 31, 39, 75, 76; 461, 9. — 3) 8 S.: Bern. de Prad. 1; Guill. Peire de Cas. 10; Rofin 1. — 4) 10 S.: Guir. del Oliv. 12; Gausb. 1. — 5) ab 8 S., cdd 10 S.: Alb. de Sest. 7; El. de Barj. 10. — 6) abcd 7 S., e 10 S.: Guir. del Oliv. 1, 46. — 7) abc 7 S., d 5 S., e 10 S.: Peire Bremon 3. — 8) abde 8 S., c 7 S.: Peire Bremon 5.
591 abbacddceec (10 S.):
  Raimb. de Vaq. 8; Guir. Riq. 76; Mat. de Caercf 1.
592 $a_7 b'_8 b'_8 a_8 c_5 d_7 d_5 c_5 e_7 e_8 f_7$ (?): Peire de Valeira 1.
593 abbacddceeff: s. Anm. 2.
594 abbacddcef (7 S.): B. de Vent. 38.
595 $a_7 b_7 b_7 a_7 c_7 d_7 d_7 c_7 e_7 f_7 f_7 e_7 g_{10} g_{10}$: Guir. del Oliv. 42.
596 abbacddceffg (7 S.): Guir. de Born. 23.
597 abbacdde
  1) 8 S.: B. de Born 1; Raim. Mirav. 5; Lamb. de Bon. 5. — 2) 7 S.: Adem. lo Negre 1.
598 abbacddee
  1) 6 S.: Guir. Riq. 72. — 2) 7 S.: Folq. Lunel 6; Guir. Riq. 31, 19. — 3) 8 S.: Gavauda 10; Bertr. Carb. 4; Perdigo 3; Uc de la Bac. 5. — 4) abcd 7 S., e 10 S.: Peirol 7. — 5) 8, 8, 8, 8, 8, 4, 8, 8, 8: P. Raim. de Tol. 13.
599 $a_7 b_7 b_7 a_7 c_5 d_7 d_5 e_4 e_7 f_7 f_7$:
  1) Guir. de Born. 72. — 1–2) abcde 6 S., f 8 S.: Sordel 13.
600 $a_8 b_8 b_8 a_8 c_{10} d_{10} e_{10}$: Arn. Daniel 7; Arn. de Mar. 7.
601 a'b'b'a'c'd'ed (7 S.): Marcabr. 11.
602 abbac'dedec' (8 S.): Folq. de Mars. 24.

603 abbacdee
   1) 7 S.: Pons de la Garda 7. — 2) 10 S.: Aug. Novella 3;
   Esteve 1; Guill. de Mur 8; Granet 1.
604 abbacdeed (7 S.): Guiraudo lo Ros 1; Guir. Riq. 68.
605 abbacdef (7 S.): Guir. de Born. 59.
606 abbacdeffed (6 S.): Aim. de Peg. 51.
607 $a', b_7 b_5 b_7 a', b_5 b_7 b_3 a', b_7 b_7$: Gui d'Uisel 14.
608 a'bbbb (10 S.): Raimb. d'Aur. 39 (Refrr.).
609 abbbbb (8 S.): Raimb. d'Aur. 14 (Refrr.).
610 $a', b_7 b_5 b_7 b_5 b_5 a', b_7 b_7$: Peire Guill. de Luz. 2.
611 ? abbbbcc: 461, 175.
612 ? abbbc (7 S.): Marcabr. 2. s. No. 687a.
613 $a_7 b_7 b_7 b_3 c_7 c_3 b_3 b_7 b_4 a_7 a_7$: Gauc. Faid. 43.
614 $a_6 b_6 b_6 b_6 c_3 c_3 c_3 d_3 d_4 e_3 e_5 a_4 f_6$: El. Cairel 14.
615 $a_4 b_4 b_4 b_4 c_4 c_6 c_6 d_6 d_6 e_6 e_6 f_6 f_6$: Peire Vidal 22. s. aabbbccddee.
616 $a_5 b_5 b_5 b_5 c_5 c_6 d_5 d_7 d_7$: Gui d'Uisel 15.
617 a'bbbcdbccd (6 S.): Bonif. Calvo 9; Arn. de Mar. 15.
618 abbcaa (10 S.): 461, 4.
619 a'b'b'ca'a'c (7 S.): Helias de Solier 1 (Bartsch, Chr. pag. 400).
620 $a'_7 b_7 b_7 c_7 a'_7 c_5 c_7 c_7 a'_7$: Ber. de Palaz. 9.
621 $a_6 b_6 b_6 c_6 a_6 c_6 d_6 d_6 e_6 e_6 f_6 f_6 g_4 h'_{10}$: Guir. de Cal. 7.
622 $a_6 b_6 b_6 c'_7 a_6 c'_7 d_6 e_6 f'_7$: Cercalm. 2.
623 a'b'b'c'a'd' (7 S.): Marcabr. 37.
624 abbcadcee (10 S.): Gauc. Faid. 30a (M. G. 473).
625 a'bbca'de (7 S.): P. d'Alv. 6.
626 abbc'adeff (10 S.): Raim. Jordan 2.
627 $a_{10} b', b'_7 c', b'_7$: 461, 20 s. No. 42.
628 $a', b'_7 b', c', b'_6 b'_6$: Bern. Alah. 1.
629 abbcbba (vielleicht abbcbbb) (10 S.): 461, 115.
630 $a_6 b_6 b_6 c'_7 b_6 b_6 c'_7$:
   Bertr. de B. 24; Lantelm. d'Alg. 1; Guill. Raim. 4 (Mola 1).
631 a'bbc'bbd' (7 S.): Bern. de Vent. 18.
632 abbcbdeec (8 S.): G. de Berg. 9 (Refr.).
633 $a_5 b_6 b_6 c_8 c_4 a_8 a_4 d_8 d_4 b_8 b_6 e_8 b_6 e_8$: Guir. de Born. 15.
634 $a_7 b_7 b_7 c_7 c_7 a_{10} a_{10} d_{10} d_{10} e_{10} e_{10}$: Rich. de Berb. 2 (Refr.).
635 $a_7 b_7 b_7 c_7 c_7 a_7 a_7 d_7 e_7 e_7 d_7 f_7 f_7 g_7 h_7 g_7 h_7 i_7 i_{10} i_{10}$: Bert. Zorgi 7.
636 abbccaca (10 S.): Raim. Vidal 1 s. No. 658.
637 abbccad 1) 8 S.: Guill. de S. Leid. 7. — 2) 10 S.: Peirol 13.

638 $a_6 b_6 b_8 c_8 c_8 a_8 d_7 d_7$:
 1) Pons de la Garda 6. — 2) abc 8 S., d 7 S.: Peirol 33. — 3) (10 S.): Guir. lo Ros 4.
639 $a_7 b_{8(7)} b_7 c'_7 c'_7 a_7 d_8 d_8 e_7 e_7$: Arn. de Mar. 19 (Refr.).
640 $a'_7 b_7 b_7 c'_7 c'_7 a'_7 d_7 d_7 e'_7 e'_7 f_{10} f_{10}$: 461, 102.
641 $a_8 b_8 b_8 c'_7 c'_7 b_8 b_8 a_8 a_8 a_8$: Gauc. Faid. 47.
642 a b b c c b b c (8 S.): Aim eric 1.
643 a b b c c b b c a a (10 S.):
 Gauc. Faid. 39; Peire de Barj. 1; Folq. de Mars. 18; 461, 27.
644 a b b c c b b c c b (8 S.): Rich. de Berb. 4.
645 a b b c c b b d a d (8? S.): Lamb. de Bon. 10.
646 $a_6 b_6 b_6 c_6 c_6 b_6 b_6 d_6 e_6 d_6$: Guir. de Born. 45; Peire de Buss. 1.
647 $a_7 b_7 b_7 c'_7 c'_7 b_7 d'_7 d'_7 e_7 e_8 d'_7 e_1 e_1$: Guir. de Luc 2; s. No. 648.
648 $a_7 b_7 b_7 c_7 c_7 b_7 d_7 d_7 d_7 e_7 e_6 d_7 f_7 f_7$: Guill. de Berg. 18; s. No. 647.
649 $a_8 b_8 b_8 c_8 c_8 b_8 d_8 d_8 e_8 e_8 f_8 f_8$: Guir. de Born. 19.
650 $a_6 b_6 b_6 c_6 c_6 b_6 d_6 d_6 e_6 e_6 f_6 f_6 e_6 e_6 g_6 g_6$: Guir. de Born. 73.
651 a b b c c b d' d' e e f f g g h h i' i' (6 S.): Guir. de Born. 30.
652 a' b b c c c d' d' (10 S.): Alb. de Sest. 18.
653 $a_8 b_8 b_8 c_8 c_4 c_6 d_{10} d_{10} e_{10} e_{10}$: El. Cairel 6 s. No. 670.
654 a b b c c d (10 S.): Peirol 3.
655 a b b c c d a (7 S.): Raimb. d'Aur. 8.
656 a b b c c d a d (8 S.): Arn. de Mar. 11.
657 $a_8 b_8 b_8 c_8 c_4 d'_8 b_8 b_4 e_8 e_7 f_8 f_8$: Guir. de Born. 53.
658 a b b c c d c a: Raim. Vidal. 1 s. No. 636.
659 $a_6 b_6 b_8 c'_{10} c'_{10} d_{10} c'_{10} d_{10} d_{10}$: El. de Barj. 3.
660 a b b c' c' d' d'
 1) 7 S.: Raim. de Cast. 5; Adem. lo Negre 2 s. No. 669; Guir. de Sal. 5; Bern. de Vent. 45; Guill. Adem. 5. — 2) 10 S.: Peirol 21, 31; Gauc. Faid. 6; Sordel 11; Aim. de Peg. 19; Aim. de Bel. 8; Bertr. Carb. 69. — 3) 8 S.: 461, 222. — 4) abd 8 S, c 4 S.: Lignaure 1. — 5) ac 8 S., b 7 S., d 10 S.: Raim. Mir. 19. — 6) ab 8 S., cd 10 S.: Guir. lo Ros 5.
661 a b b c c d' d' a a
 1) 10 S.: Gauc. Faid. 59; Perd. 13. — 2) 8, 8, 8, 8, 8, 4, 8, 8 8: B. de Born 32.
662 $a'_8 b_8 b_8 c_8 c_6 d_8 d_4 b_6 b_{10} e_{10}$: P. Raim. de Tol. 8.
663 a' b c c d d b e' (7 S.): Raim. Mirav. 40.
664 $a_6 b_6 b_6 c_6 c_6 d_6 d_6 b_6 b_6 e_8 f_6 g_8 g_{10}$: Guir. de Born. 32.
665 a b b c c d d c (?): 461, 81.
666 $a_{10} b_{10} b_{10} c_{10} c_4 d_6 d_4 c_6 c_4 d_6 c_6 e_6 e_4 c_6$: Sordel 35.

667 $a_8b_8b_8c_8c_4d_8d_4c_8c_4e_{10}e_{10}$: Guir. de Born. 58.
668 $a_8b_8b_8c',c',c',d_7d,c',d,c',$: Guir. de Born. 44.
669 abbccdde
  1) 7 S.: Adem. lo Negre 2 s. No. 660; Peire Vid. 25; Bertr. de B. 28; Aim. de Peg. 32. — 2) 8 S.: Guir. de Born. 22; Peire Vidal 23; Gavauda 3. — 3) ac 8 S., bd 7 S., e 10 S.: Raim. Mir. 18. — 4) 8,7, 7,8, 8,4, 8, 7: Bern. de Venz. 3.
670 $a_8b_8b_8c_8c_8d_{10}d_{10}e_{10}e_{10}$:
  1) Bernart 4 s. No. 653. — abc 6 S., de 10 S.: Raimb. de Vaq. 26. — 3) abc 8 S., d 7 S., e 10 S.: Blacasset 2. — 3) 7 S.: Torcafol 3; Rich. de Berb. 1; P. Vidal 3; Raim. Mirav. 37. — 4) 8 S.: Raim. Rig. 1, Cobla 1 und 3 s. No. 702; Arn. de Mar. 18. — 5) abc 7 S., de 10 S.: Pons Barba 1; 461, 31a (Riv. I, 44). — 6) a 8 S., bcde 10 S.: Mönch v. Mont. 6.
671 abbccddeed (?): Alb. de Sest. 15.
672 abbccddeeeff (8 S.): Peire Vid. 38.
673 $a_8b_7b_7c_7c_7d_7d_7e_8e_4f_8f_7$
  Uc de S. Circ 1. — 2) 7,7,7,7,5,7,7,7,8,8,8,8: Aim. de Bel. 17.
674 $a_8b_8b_8c_8c_8d_8d_4e_8e_4f_8f_8g_{10}g_{10}$
  1) Guir. de Born. 20 (21). — 2) ?: Guir. del Oliv. 11.
675 $a_8b_8b_8c_8c_8d_8d_4e'_8e'_8f_8f_8g_8g_8g_8g_8$:
  Raimb. de Vaq. 22; Guir. de Born. 47.
676 $a_8b_8b_8c'_8c'_8d_2d_4e'_8e'_8f_4f_8g'_8g'_8h_8h_8$:
  1) Guir. de Born. 31. — 2) 7,7,7,7,5,5,5,7,7,5,5,7,7,7,7: Guill. Raimon 3.
677 $a_7b_7b_7c_7c_8d_8d_8e_7e_8f_{10}g_{10}$: Guill. Peire de Caz. 5.
678 $a_8b_8b_8c_4c_4d_8d_4e_8f_8$: Simon Doria 1; Guir. de Born. 37.
679 $a_8b_8b_8c'_8c'_8d'_8d'_8e_8f_4f_4f_8e_8$: Guir. de Born. 2.
680 $a_7b_3b_8c_4c_4d_3d_5e_8f_4f_4g_8g_8h_8h_8i_4i_8k_8l_4k_8$: Guir. de Born. 40.
681 abbccded
  1) 6 S.: Pistol. 6. — 2) ab 8 S., cde 10 S.: Alb. de Sest. 9.
682 $a_8b_8b_8c',c',d_7e',d_7f_8$
  1) Bern. de Vent. 27. — 2) acd 7 S., bef 5 S.: Guir. de Born. 18.
683 abbccdee (7 S.): 461, 248.
684 $a_7b_7b_4c_4c_3d'_8e_8e_8b_8f_8f_4g_3g_8$: Guir. de Born. 28.
685 $a_8b_7b_7c_8c_8d_8e_8e_8d_8$
  1) Guill. de S. Greg. 5. — 2) 10, 6, 10, 8, 4, 6, 10, 10, 10: Gauc. Faid. 57 s. No. 704. — 3) a 10 S., b 7 S., cde 8 S.: Lamb. de Bon. 3.
686 $a_8b_8b_8c_8c_4d_8e_8e_4d_8e_4$: Raim. Vid. 4 (M. G. II, pag. 27).
687 $a_8b_7b_7c_8c_8d_8e_8e_8d_8f_8f_8$
  1) Uc de Mataspl. 2 (Blacasset 5). — 2) abcde 7 S., f 8 S.: Cad. 2. — 3) 8,8,8,4, 8,8,4, 4,8, 8,8: P. Rog. 6.
687a abbcd (7 S.): Marcabr. 2 s. No. 612.

688 abbcdaa (7 S.): Guir. de Born. 11.
689 $a_7b_4b_7c_4d_4a_7a_7e_8f_7f_7$: Guir. de Born. 79.
690 $a_8b_8b_8c_7d_{10}a_{10}d_{10}$: Alegret 2.
691 abbcdbbd (10 S.):
Guill. de S. Leid. 10; vgl. Diez, L. & W. pag. 330; P. Meyer, dern. troub. pag. 270.
692 $a_{10}b_{10}b_{10}c_8d_{10}b_{10}d_{10}e_{10}f_{10}f_8b_8$: Raim. Vidal 5.
693 $a_3b_7b_7c_7d_{10}c_7c_8d_7a_8b_7b_7$: 461, 196.
694 abbcdcd (7 S.): Marcabr. 27.
695 abbcdcdcbbee (7 S.): Gausb. de Poicib. 2.
696 $a_7b_8b_7c_7d_7c_7d_7e_{10}e_{10}$: Bonif. Calvo 10.
697 $a_7b_7b_7c_7d_8d_8$
1) Guill. Adem. 8; Bern. Alah. de Narb. 1. — 2) 7 S.: Raim. Casteln. 4.
698 $a'_7b_8b_8c'_7d_8d_8a'_7$: Cercalm. 3; Daude de Prad. 5.
699 $a_8b_{10}b_{10}c_{10}d_{10}d_{10}a_{10}a_{10}$: Castelloza 1.
700 abbcddc
1) 10 S.: Ralmenz 5; Peirol 32 (34); 461, 141; Bertr. d'Al. 21; Guir. Riq. 18; Peire Duran 2. — 2) 8 S.: Arn. de Tint. 2; Bern. de Vent. 33. — 3) abd 8 S.; c 7 S.: Raim. Mir. 23.
701 abbcddca (10 S.): Gauc. Faid. 36; Sordel 17.
702 abbcddcc
1) Uc de la Bacal. 1; Raim. Rig. 1, Cobla 2 s. No. 670. — 2) 8, 8, 8, 8, 10, 10, 10, 10: Arn. Catal. 4 s. No. 770.
703 $a_8b_8b_8c_7d_8d_8c_7e_8e_8c_7$: 461, 227.
704 $a_7b_7b_7c_7d_7d_8e_4$
1) Guir. de Born. 4. — 2) 7 S.: Guir. de Cal. 9; Guir. Riq. 46. — 3) 8 S.: Peire Rogier 9. — 4) 10 S.: Peire Rogier 5; Guir. Riq. 29. — 5) abc 8 S., de 10 S.: Arn. de Mar. 9. — 6) ad 7 S., bce 8 S.: Arn. de Tint. 3. — 7) 7, 7, 7, 7, 10, 7, 7: Pons de la Garda 4 s. No. 685.
705 a'bbc'd'd'e'a' (7 S.): Peire Corbiac 1.
706 $a_7b_7b_7c_7d_7d_7e_{10}e_{10}$.
1) Raim. Mirav. 38, 84. — 2) 10 S.: Palais 1. - 3) ? Uc de Pena 2; Bonif. Calvo 1, 4; 461, 105, 106, 213b (Riv. I, 44).
707 abbcddeec (10 S.): Ozil de Cadarz 1.
708 abbcddeedde (7 S.):
Graf v. Fland. 1 (Folq. de Rom. 1); P. Raim. de Tol. 5.
709 abbcddeeff: Bertr. de Born. 12; Aim. de Peg. 40.
710 $a_8b_8b_8c_8d_8d_4e_8e_8f_4f_8g_8g_8$: Guir. de Born. 24.
711 $a_4b_8b_{10}c_7d_7d_7e_7f_7f_7$: Guir. de Born. 17; Raim. de Tors 2.
712 abbcde (8 S.): Peire Rogier 3.
713 $a_7b_7b_8c_8d_8e_7b_7b_7$ ....: Raimb. d'Aur. 33.

714 a b b c d e d (10 S.): Arn. de Mar. 17.
715 $a_8 b_8 b_6 c', d_6 e_8 e_8$: 1) P. d'Alv. 12. — 2) ?: Ber. de Palaz. 8.
716 $a', b_3 b_3 c_7 d', e_3 e_3 e_3$: Raimb. d'Aur. 12 s. No. 718.
717 a b b c d e e f g (8 S.): Gavauda 7.
718 $a', b_3 b_3 c_7 d', e_3 f_3 f_3 b_3 f_3$: Bertr. de Born 3 s. No. 716.
719 a' b b c' d' e' f' g' (7 S.): Raimb. d'Aur. 40; El. Cairel 2.
720 $a_4 b_4 c_8 a_8 a_8 d_8 d_8 e_4 e_3 f_8 f_8$: Guir. de Born. 33.
721 a b c a b b c d e' (10 S.): Gauc. Faid. 41.
722 a b' c a b' b d d (10 S.): Folq. de Mars. 22.
723 $a_4 b'_6 c_{10} a_4 b'_6 c_{10} a_4 b'_6 a_4 c_4 a_4 c_6 a_4 b'_6$: Uc de S. Circ 27.
724 a b c a b c a b c a b c c d c d (5 S.): Guir. Riq. 22.
725 a b c a b c b b c b b c c c (5 S.): Guir. Riq. 32, 49.
726 $a_6 b_3 c_6 a_6 b_3 c_6 b_3 b_3 c_6 b_3 b_3 c_6 d_6 c_6 d_6 c_6$: Guir. Riq. 15.
727 $a'_6 b_5 c_6 a'_6 b_3 c_6 c_{10} a'_{10} c_{10}$: Cadenet 19.
728 a b c a b c c b b c c b (5 S.): Guir. Riq. 50, 85.
729 $a_{10} b_4 c_6 a_{10} b_4 c_6 d_4 e_6 d_4 e_6$: P. d'Alv. 19.
730 a' b' c' a' b' c' d' e' f' d' e' f' (8 S.): Lanfr. Cig. 10.
731 a b c a b d b b d c b c (6 S.): Arn. de Mar. 6 (Refr.).
732 $a_8 b', c_2 a_8 c_7 d_8 d_6 b'_7$: Bern. de Vent. 24.
733 a b c a d d e e f f g g h h: Bonif. Calvo 13 s. No. 791.
734 a b c a d e e d f f: 461, 8.
735 a b c a d e f f (10 S.): B. de Born 42; Raim. Jord. 6.
736 a b c b a b c b d d c (7 S.): Matfre Ermeng. 4, 8.
737 a b c b a c d d (10 S.): Esperdut 1 (Refr.).
738 $a_7 b_3 c_7 b_3 b_7 b_7 a_8 a_4 a_8 b_6$: 461, 145, Cobla 3.
739 a b c b c a (10 S.): P. Bremon 13.
740 $a_7 b'_4 c_7 b'_4 c_7 b'_4 d_3 d_7 d_7 d_7$: G. de Berg. 21.
741 a' b c b c d e e (10 S.): Arn. de Mar. 22.
742 a' b c b c d e e a f f (8 S.): Gavauda 9.
743 a b c b d b d b d b (8 S.): 461, 200.
744 $a', b_7 c', b_7 d', b_7 e_7 e_3 e_7 e_7$: Guir. de Born. 57.
745 a b' c' b' d c' e (7 S.): P. d'Alv. 7.
746 a b c' b d d (7 S.): Raimb. d'Aur. 31.
747 a b c b d d a e e f f (6 S.): Guill. 2. (B. G. 201, 2) s. No. 748.
748 a b c b d d a e e f f e e f f (6 S.): Guir. de Born. 46 s. No. 747.
749 $\overparen{a_8 b_8} c_8 b_8 d'_8 d'_8 e_{10} e_{10}$: Bern. de Vent. 22.
750 a b c b d e f (7 S.): Guir. Riq. 1.

751 $a_7 b_4 c_8 b_3 d_4 e'_5 f_7 f_8 g_4 h_3 h_7$: Guir. de Born. 48 (Refr.).
752 abcbdefgg (8 S.): Guir. de Born. 54.
753 abccaba (10 S.): Arn. de Mar. 4.
754 abccac (8 S.): 461, 205.
755 $a_8 b_8 c_8 c_8 a_8 d'_6 d'_6 a_8$: Peirol 17.
756 abccba: Guill. Peire de Caz. 3. s. p. 49.
757 $a_7 b_3 c_7 c_7 b_4 a_6 a_6 d_{10} d_3 e_6 e_{10}$: Rich. de Berb. 3.
758 $a_4 b_8 c_1 e c_1 o b_1 o b_1 o d_1 o b_1 o d_1 e$: Perdigo 8.
759 abccbc (8 S.): 461, 203a (Arch. 34, 378).
760 $a_6 b_6 c_7 c_7 b_7 d_7 e_7$: Raimb. d'Aur. 23 (Refr.).
761 ab'c'.c'b'deeff (7 S.): P. Vid. 6.
762 $a_4 b_4 c_8 c_6 c_6 d_4 d_6 e_8 e_8 f_8 f_8 g_8 g_6 h_8 h_6$: Guir. de Born. 62.
763 abccddaaaa: P. Vidal 45.
764 $a_7 b_7 c_7 c_7 d_8 d_8 d_8$ (Refr.): Raimb. d'Aur. 27; Bertr. de B. 2.
765 $a_4 b_8 c_8 c_8 d_8 d_8 e'_8 d_8 f_8 e'_8$: Guir. de Born. 56.
766 abccddee (10 S.): Arn. de Mar. 23; Peire Duran 1.
767 $a_4 b_8 c_8 c_8 d_8 d_8 e_8 e_8 f_8 a_8 f_8$: Guir. de Born. 1.
768 abccddeeffgghgh: G. de Born. 78.
769 abccdeed (7 S.): Adem. lo Negre 4.
770 $a_4 b_4 c_6 c_6 d_8 e'_{10} e'_{10} d_{10} d_{10}$: Arn. Cat. 4 s. No. 702.
771 $a_7 b_4 c_4 c_4 d', e_3 e_4 e_3 f_4 g_3$: Guir. de Born. 9.
772 $a_7 b_7 c_7 c_7 d_8 e_7 f_8$: Raimb. d'Aur. 41 (Refr.).
773 $a_4 b_8 c_4 d_8 a_4 b_8 c_4 d_8 a_4 e_8 f_4 g_8 h_4 g_8$: Bert. Zorgi 3.
774 $a_4 b_8 c_4 d_8 a_4 b_8 d_{10}$ daecdae (??): Gauc. Faid. 11.
775 $a_4 b_8 c_4 d_8 a_4 b_8 e_4 d_8 f_8 g_8 f_8 g_8 h_8$: Gavauda 5.
776 abcdace (7 S.): Jaufre Rudel 5; Peire Rogier 1.
777 abcdaecd: P. Milon 5.
778 $a_4 b_6 c_4 d_6 b_8 a_6 d_4 c_6 b_3 b_6 e_7 e_7$: Guir. Riq. 67.
779 $a_1 b_6 c_4 d_6 b_{10} b_4 d_4 e_{10} e_{10} e_8 b_8$: Serveri 15 s. No. 335.
780 $a_4 b_6 c_4 d_6 c_6 d_6 d_8 e_8 e_6 f_6 f_8 g_8 g_6 h_8 h_6$: Guir. de Born. 74.
781 abcddcba (10 S.): Bonif. Calvo. 8.
782 abcddcbb (10 S.): Lanfr. Cig. 4.
783 $a_8 b_8 c_1 o d_1 o d_1 o c_1 o$: Peire d'Alv. 24.
784 abcdddc (10 S.): Castelloza 2.
785 $a_8 b_8 c_8 d_3 d_3 d_3 e_8 e_8$: Raimb. d'Aur. 19 s. No. 786.
786 abcddee (10 S.): G. de Berg. 19; Arn. de Mar. 8 s. No. 785.
787 $a_7 b, c'_7 d_7 d_7 e_8 e_8 f_8 f_{10}$ (?):
   El. de Barj. 6; Bisch. de Clerm. 3; Dalfi d'Alv. 4; Oliv. de la Mar 1.

788 a b c d d e f : Raimb. d'Aur. 4.
789 a b c d d e f f g' (10 S.): Guill. de S. Leid. 1.
790 $a_s b_s c_s d', e_s a_s$: Raimb. d'Aur. 2.
791 $a_s b_t c_s d_{10} e_{10} c_{10} f_{10} f_{10} g_4 g_4 h_4 h_4 i_4 i_4 k_{10} k_{10}$: Bonif. Calvo 13 s. No. 733.
792 a b c d e' d : Almuc 2; Ameus de la Broqueira 2.
793 $a'_7 b_6 c_7 d_7 e_7 d_7 e_4 f_4 f_{10}$: Ameus de la Broq. 1 (Refr.).
794 $a_s b_s c_7 d_7 e_7 e_7 d_7 b_7 a_7$, : Raimb. d'Aur. 22.
795 $a_7 b_7 c_7 d_7 e_3 e_4 e_{10}$: El. Cairel 4.
796 $a_7 b_7 c_7 d', e_3 e_7 f_7 e_3 f_3 f_7 e_7 e_7$: Guir. de Born. 70.
797 $a_7 b_7 c_8 d_8 e_7 e_7 f_8 f_8$: Raimb. d'Aur. 16 s. pag. 49.
798 a b c d e e f f g f g f g : Guir. de Born. 63.
799 a b c d e e f g' (7 S.): Guir. de Born. 49.
800 $a_s b_s c_7 d_7 e_3 e_3 f_7 g_7 h_7$: Arn. Daniel 5.
801 a' b' c' d' e e f g h' g g (7 S.): Bern. de Vent. 3.
802 $a_2 b_2 c_3 d_5 e_{10} e_{10} f_{10} g_4 h_6 g_4 h_6 i'_{10}$: El. Cairel 1.
803 a' b' c' d' e' f'
   1) 10 S.: Peire Vidal 42. — 2) a b c d 10 S., e 4 S., f 13 S.: G. de S. Gregori 4. — 3) 8 S.: Pons Fabre 2; Bert. Zorgi 4; Arn. Dan. 14; Guill. de S. Greg. 2 s. pag. 49 und 93.
804 a b c d e f c c (8 S.): Guir. de Born. 25.
805 a b c d e f d d (7 S.): Guir. de Born. 10.
806 $a_s b'_7 c_s d'_7 e_s f_s e_s$: P. d'Alv. 1.
807 $a_s b_s c'_7 d_s e'_7 f_s e'_7 d_s f_s$: Raimb. de Vaq. 5.
808 $a'_7 b_s c'_7 d'_7 e_5 f_7 e_5 e_s$:
   Torcafol 2; Peire de la Mula 1; Raimb. d'Aur. 15.
809 a b c' d e' f f (10 S.): Arn. de Mar. 1.
810 $a'_7 b'_7 c'_7 d'_7 e_s f_7 f_7 e_s$: Arn. Daniel 11.
811 a b c d e f f g g (7 S.): Raim. Vidal 3 (Refr.).
812 $a_s b_7 c_s d'_7 e'_7 f_4 f_6 g_4 g_2 h'_4 h'_2$: Arn. Daniel 2.
813 $a_5 b_s c_s d_s e_{10} f_{10} g_{10}$:
   1) Arn. Daniel 13. — 2) 7 S.; Bonif. Calvo 3. — 3) ?: Arn. Daniel 3, 4, 8, 10, 18; El. Cairel 2; Arn. de Mar. 26.
814 $a_7 b'_7 c_7 d'_7 e_7 f_7 g_{10} g_{10}$: Arn. de Mar. 25.
815 a b c d e f g h
   1) 7 S.: Arn. Daniel 9; Guill. de S. Leid. 5. — 2) 8 S.: Arn. Daniel 1. — 3) 10 S.: Arn. Daniel 17; B. de Born 29; Guill. de Durf. 1; Peire Milon 8; Uc de S. Circ 10; Guir. Riq. 58 s. pag. 70. — 4) a b c d e f 8 S., g h 10 S.: P. Raim. de Tol. 4.
816 a b c d e f g h h : Guir. de Born. 29.

817 *Descort* oder unregelmässiger Strophenbau:
Aim. de Bel. 20; Aim. de Peg. 53; Bonif. Calvo 2; El. de Barj.
12, 13; El. Cairel 10, Cobla 7; Folq. de Mars. 19 (Gebet aus 74
8silb. Reimp.); Graf v. Foix 1; Guill. Aug. 3, 5 s. No. 26; Guir. de Cal.
1, 5; Guir. d'Esp. 4, 8 s. Diez, Sprachdenkm. 119; Guir. Riq. 64; Guir.
de Sal. 4; P. C. 36, 59, 63 s. pag. 10; P. Raim. de Tol. 1; Raimb.
de Vaq. 4, 16; Raim. d'Avinho 1; Serveri 14; 461, 5, 17, 55, 70,
100, 142a (N 47a) 143 vgl. Bort del rei d'Ar., 144, 147, 151, 194,
226 (Devinalh), 238; vgl. auch No. 26, 128, 161, 182, 211, 226,
383, 491, 500, 611, 612, 665, 671, 713, 738, 774.

Druckfehler.

S. 17, Z. 12 v. u. tilge »und Berartz de Monleyder«. — S. 22, Z. 6
v. u. l. 461, 43 st. 461, 63. — S. 47, Z. 5 v. o. l. Guill. de la Tor. 10 st.
G. de l. T. 1. — S. 54, Z. 7 v. u. l. clau st. aclau. — S. 63, Z. 12 v. o.
l. Folq. de Mars. 27 st. Folq. de Mars. — S. 67, Z. 9 v. u. l. Marcabrun 23
st. Marcabr. 24. — S. 71, Z. 2 v. o. tilge »wohl«. — S. 71, Z. 4 v. o.
l. demnach. st. dennoch. - - S. 75, Z. 12 v. u. l. P. Card.'s st. P. Card.
— S. 77, Z. 2 v. u. l. B. G. 24, 1 st. B. G. 25, 1a und füge hinzu Rom.
Stud. II, 662. — S. 79, Z. 11 v. o. l. d'Aurenga st. de Vaqueiras.

Anhang: No. 4 l. a, a¦ ..., st. a a¦ .... — No. 11 l. aa'aa'aa'aa'
st. aa'aa'aa'aa. — No. 58 l. a'a'bba'a' st. a'a'bba'a. — No. 63 l.
ba'c'd' Refrz. st. bcc d Refr. — No. 87 5) l. Born 14 st. Born 4. —
No. 93 l. aab'ab'a st. aabab'a. — No. 106 l. aab'ab'a st. aabab'a.—
No. 117 l. s. No. 530 st. 576. — No. 126 l. a'a'bba'a'bba'a'ba' st.
a'a'bba'a'ba'. — No. 136 l. a'a'b'b'b'a' st. a'a'bbba'. — No. 165 l.
Gavauda 8 st. Gavauda 1. — No. 166 l. ....., a, a, b, b, st. a, a, b, b,. —
No. 195 l. 6 S. st. 5 S. — No. 218 l. Peirol 6; Uc de S. Circ. 19 st.
Peirol. — 3) Uc de S. C. 19. — Nr. 251 l. vgl. No. 254 st. 252. —
No. 280 l. s No. 286 st. 278. — No. 282 l. Engles st. Eugles. — No. 286
l. s. No. 280 st. 281. — No. 366 l. e 8 S. st. c 8 S. — No. 489 l. Guill.
Raim. st. Peire Raim. — No. 515 l. Pons de Capd. 25 st. P. de C. 5. —
No. 535 9) l. ad 8 S., bc 7 S. st. ac 7 S., bd 8 S. — No. 549 6) l.
Bonanel 4 st. Bon. 1. — No. 550 l. abbaccddeec st. e. — No. 554 l.
8) abc 8 S., def 10 S.: Guir. del Ol. 20, 26. 9) ab 8 S., cdef 10 S.:
Guir. del Ol. 25, 67. 10) 10 S.: G. d. O. 30, 48. 11) abcde 7 S., f
10 S.: G. d. O. 33. 12) abcde 8 S., f 10 S.: G. de O. 55 st. G. d.
Oliv. 20 u. s. w. — No. 555 l. 2) 8 S.: Guir. d. O. 58. 3) abcdef 7 S.,
g 10 S.: G. d. O. 59, 63 st. 2) ?: u. s. f. — No. 573 l. 461, 79a st. 78a. —
No. 581 l. abba st. bbba. — No. 598 l. 4) 10 S.: Bertr. Carb. 4 st.
B. C. — No. 599 l. 2) abcd 6 S., e 8 S., f 10 S. st. 1—2) abcde 6 S. —
No. 601 l. a'b'b'a'c'd'e'd' st. a'b'b'a'c'd'e'd.

Es fehlen die Verweisungen bei: No. 8 auf 318, No. 14: 271a, No. 18:
34, No. 26: 817, No. 151: 152, No. 161: 817, No. 169: 9, No. 211: 817,
No. 213: 549, No. 226: 817, No. 240: 817, No. 335: 779, No. 491: 817,
No. 530: 117, No. 550: 476, No. 535: 134.

Index.

	Seite
Adalasia, Vizgräfin v. Marseille	64
ai gebunden mit èi lang	66
Aim. de Peg. 10	77
» » » 15	60
» » » 27	57
» » » 43	16, 18
Alaid. Yselda 1	60
Antwortgedichte (Beispiel)	80
Arn. Daniel Formen	5
Arn. Daniel 16	46
Arn. de Mar. 3	57
» » » 16	60
Azzo VII. v. Este	48
Beatrix d'Este	19
Bern. de la Barta 3	77
» » » » 4	57
Bernart Marti 5	87
» » 6	81
Bern. Sicart 1	32
Bern. de Vent. Formen	3
» » » » nachgeahmt	90
Bern. de Vent. 6	13
» » » 12	15
» » » 25	83
» » » 26	11
» » » 40	10, 16
» » » 41	11
» » » 43	44
Bertran 3	16
Bertr. d'Alam. 1	77
» » 15	71, 72
» » 16	31

	Seite
Bertr. de Born Formen	4
» » » » nachgeahmt	90
Bertr. de Born 11	28
» » » 13	21
» » » 19	25
» » » 20	22
» » » 25	22
» » » 26	24
» » » 34	26
» » » 37	19
Bertr. Carbonel abhängig von Peire Card. 27, 28, 31, 38, 43, 50, 52, 53, 60, 62, 76, 92.	
Bertr. Gordo 1	74, 75
Bertr. de Paris de R. 1	26
Blacasset 8	44
Blacatz 3	22
Bort del rei d'Arago 3	29
Cadenet 5	74
Cadenet 13, 24	44
Canzone, Verhältn. z. Sirvent.	9
Cercamon	3
Constanze d'Este	45, 93
Dalfinet 1	50
Donna de Villanova	16
Duran sartre de Carp.	38, 40
Ebles d'Uisel 3	74
Eigennamen im Anfang rhetor. verwendet	91
Elias Cairel 12	54
Esquilha 1	60
Estribot	79

	Seite
Faure 1	22
Folq. de Mars. 14	63
» » » 17	57
» » » 27	63
Folq. de Rom. 11	50, 51
Garin d'Apchier 3	75
» » 7, 8	35
Gaucelm Faidit 9	42
» » 15	44
» » 32	42
» » 37	81
» » 50	95
» » 56	43
Gausb. de Poicib. 1	73
» » » 4	67, 68
Gauseranda del Lunel	94
Gleiche Reimworte in allen C.	49
Gui d'Uisel 7	75
» » 19	62
Guigo?	91
Guigo 2	81
Guigo de Cabanas 3	25
Guillalmet 1	62
Guillem Anelier 1	14
Guill. de Biarn 1	47
Guill. Cabest. 5	32
Guill. Fabre 1	50
» » 2	54
Guill. Godi 1	69
Guillem Graf v. Poitou, Formen	2
» No. 6 ob ihm abzusprechen?	2
» 8	31
» 10	67
Guill. Mont. 1	60
» » 5	37
» » 6	15
» » 10	78
» » 18	60
Guill. de Mur 1	78
» » » 2	25
Guill. Rainol d'At 1	67
Guill. de S. Gregori 1	50

	Seite
Guill. de S. Leid. 3	26
Guill. de la Tor 3	15
» » » » 10	46
Guir. de Born. 51, 52	50, 51
» » » 69	21
» » » 77	46
Guir. de Cabr. (Ensenh.)	69
Guir. de Cal. (Ensenh.)	69
» » » 10	54
Guir. del Oliv. d'Arle 14	70
» » » » 36	75
» » » » 44	53
» » » » 73	53
Guir. Riquier 20	50
» » 24	53
» » 25	71
» » 34	62
» » 74	60
Jaufre Rudel 3	31
» » 6	32
Joan d'Alb. 3	26
Joan Esteve 10	14
Joan Lag 1	81
Lamb. de Bonanel 1	16
Lanfr. Cig. 9	54
» » 23	24
Lantelm 2	60
Lanza Marques 1	37
Marcabrun Refrainreim	90
» Formen	2
» 3	16
» 16	68
» 20	68
» 23	67
» 24	70
» 32	83
» 34, 39	28
» 41, 43	69
Maria de Ventadorn	42, 74, 92
Marques 2	44
Matfre Ermengau 5	16

	Seite
Mönch v. Montaudon 2	54
» » 10	20
» » 13	67
Nachahmung von Strophenf.	8
Palais 3	37
» 5	79
Parodien 23, 33, 36, 75,	91
Peire d'Alv. 8, 10	69
» » 15	28, 29
Peire Basc 1	92
Peire Bremon Lebenszeit 13, 17,	55
» » Refrainreim	56
» » 21 gehört Arn. Catal.	55
» » 9	11
» » 16	54
» » 17	16
» » 18	25
Peire de la Caravana 1	95
P. Cardenal (s. auch Anm. 2).	
formelle Abhängigkeit 85,	87
rhetor. Figuren	94
Lebenszeit	8
Strophenformen	87
P. C. 4 ob ihm gehörig?	61
» 12	84
» 24	73
» 29	48
» 28	53
» 32	42
» 37 ob ihm gehörig	38f.
» 43	34
» 46	73
Peire Imbert 1	60
Peire Pelissier 1	38
P. Raim. de Tol. 9	24
» » » 15	63
Peire d'Uisel 1	62
P. Vidal 4	38, 40
» 13	35
» 37	64
» 40	36
Peirol, Formen	5

	Seite
Peirol, Lieder, wem gewidmet	93
» 15	72
» 18	95
» 19	46
» 26	46
» 28	57
Perdigo 1	60
» 15	72
Pons Fabre d'Uzes 2	93
Ponso 2	64
Pujol 2, 4	60
Raimb. d'Aur. 3	70
Raimb. de Vaq. 15	22
» » » 18	53
» » » 19	54
Raimon de Casteln. Formen	39
Raimon Gaucelm 3	26
» » 6	25
Raimon Jordan 13	69
Raimon Miraval 1	46
» » 12	64
» » 43	26
Raimon de Tors 1	81
» » » 6	35
Ralmenz 1	44
Refrainzeilen	71, 94
Reimschema, Verhältniss zum	
Silbenschema	1
Rofian 1	77
Rostanh Bereng. 1	29
» » 7	63
Savaric de Malleo 1	62
Sextinen	49, 50
Silbenschema im Widerspruch	
mit dem Reimschema	90
Sordel 1	71
» 6	60
» 16	44
» 22	16
» 25	50
» 29	57
Strophenf. in alphabet. Ordn.	96f.

Tenzone, älteste 67	Zweireimige Coblen 2
Tomier 1 95	461, 16 15
» 2 91	— 23 16
Torcafol 1 67	— 33 27
Travestie 33	— 43 32
Uc Catola 1 67	— 45 62
Uc de l'Escura 1 . . . 38, 41	— 48 62
Uc de San Circ 4 64	— 56 47
» » 5 87	— 63 16
» » 22 37	— 71 22
» » 29 43	— 74 43
» » 31 43	— 76 44
» » 29 und 31 und	— 79 37
461, 74 ob zusammengehörig 43	— 80 27
Uc de San Circ 69 57	— 107 47
Verbesserungen zu Bartsch' Ver-	— 113 67
zeichniss der Troub. . . 93	— 123a (Riv. I, 39) . . . 43
Vescoms de Torena 1 . . . 64	— 135 44
Viereimige Coblen . . . 3	— 140a 32
Vokalreim 11, 31	— 173 62
Volkstümliche Formen . . 67, 69	— 231 60
Zehn-Silbner 4	— 235 57